T0338899

GREEN
SOCIAL HOUSING

LUIS DE GARRIDO

GREEN
SOCIAL HOUSING

"To my Father. Always on my mind"
LUIS DE GARRIDO

GREEN SOCIAL HOUSING
Copyright © 2015 Instituto Monsa de ediciones

Editor, concept, and project director
Josep María Minguet

Author
Luis de Garrido

Collaborations:
Sandra Flechas. Architect. Renders Brisa.net and Oasis
Elena Martí. Architect. Layouts and renders Oasis
Monica Cortina. Architect. Social housing research

Design and layout
Eva Minguet
Patricia Martínez
(equipo editorial Monsa)

INSTITUTO MONSA DE EDICIONES
Gravina 43 (08930)
Sant Adrià de Besòs
Barcelona
Tlf. +34 93 381 00 50
Fax.+34 93 381 00 93
www.monsa.com
monsa@monsa.com

Visit our official online store!
www.monsashop.com

Follow us on Facebook!
facebook.com/monsashop

ISBN: 978-84-15829-84-3
D.L. B 2220-2015
Printed by Grafilur

Index

Chapter 1.   Solution to basic problems associated with social housing   8
Solución a los problemas básicos asociados a la vivienda social

Chapter 2.   Ecological and bioclimatic social housing   26
Vivienda social ecológica y bioclimática

Chapter 3.   Projects

Residential complex "Oasis"
Alicante, Spain
46

Residential complex "Brisa.net"
Paterna, Valencia, Spain
58

Residential complex "Sayab"
Cali, Colombia
68

Residential complex "Lliri Blau"
Massalfassar, Valencia, Spain
90

Residential complex "Sol i Vert"
Alboraia, Valencia, Spain
110

Residential complex "BioHilera"
Gandía, Valencia, Spain
120

EL RODEO social Eco-Buildings
Cali, Colombia
128

1. Solution to basic problems associated with social housing

1.1. The need of social housing

Social housing is a response to the demands for housing of disadvantaged and less affluent classes.

Throughout history, in an agricultural society, the need for housing is generally performed juxtaposedbuilding homes, often extending existing housing, or subdividing, creating a complex, irregular andorganic plot, which slowly evolves with the passage of years. This process evolved throughout history until, with the advent of the industrial revolution, the demand for housing from a particular stratum of society increased considerably: the factory workers and their families. Thus began to build the private sector, houses a fast, and therefore in a simple and repetitive way.

However, in the early twentieth century as a result of two world wars, the need for housing increased in many countries, in order to provide shelter to people whose homes were destroyed. The demand was so great that the various national governments had to intervene and become advocates for building the huge amount of housing needs, as quickly as possible. As a result, these homes were repetitive, bland,simple, small and grouped into blocks of high density.

In the sixties, as a result of the global economic improvement and subsequent vegetative growth, again there was a great need, in many countries, a huge amount of housing for low-skilled workers and workers who had immigrated to the city in search better opportunities. In this case, although the demand for housing was not urgent, the houses had to be very cheap (in many countries they began to be

1. Solución a los problemas básicos asociados a la vivienda social

1.1. La necesidad de vivienda social

La vivienda social es una respuesta a las demandas de vivienda de las clases menos favorecidas y con menos recursos económicos.

A lo largo de la historia, en una sociedad agrícola, la necesidad de vivienda se realizaba generalmente construyendo viviendas yuxtapuestas, muchas veces ampliando viviendas ya existentes, o subdividiéndolas, creando una trama muy compleja, irregular y orgánica, que evolucionaba lentamente con el paso de los años. Este proceso evolucionó a lo largo de la historia hasta que, con la aparición de la revolución industrial, se incrementó considerablemente la demanda de vivienda de parte de un estrato concreto de la sociedad: los trabajadores de las fábricas, y sus familias. De este modo se comenzó a edificar, por iniciativa privada, viviendas de una forma rápida, y por tanto de forma sencilla y repetitiva.

No obstante, a principios del siglo XX y como consecuencia de las dos guerras mundiales, la necesidad de vivienda se incrementó en muchos países, con la finalidad de proporcionar cobijo a las personas cuyos hogares quedaron destruidos. La demanda era de tal magnitud que los diferentes gobiernos nacionales tuvieron que intervenir y convertirse en promotores para construir la enorme cantidad de viviendas necesarias, con la mayor rapidez posible. Como resultado, estas viviendas eran repetitivas, anodinas, simples, pequeñas y agrupadas en bloques de alta densidad.

En los años sesenta, como consecuencia de la mejora económica mundial y su consiguiente crecimiento vegetativo,

Schuylkill Falls (built in 1953) in 1975.

Schuylkill Falls. New Falls Ridge (built in 2003)

Richard Allen Homes (built in 1941)

Richard Allen Homes new project (built in 2003)

known as "cheap housing"), and therefore basic, repetitive, of poor quality, and grouped into very dense sets.

Over the years, in the seventies, as a result of two major oil crisis, society began deconstruct and the most disadvantaged strata broadened considerably. Thus, together with the workers appeared other social strata in need of housing, such as single mothers, elderly people living alone, unemployed people, and people who did not want to work. Housing demand was therefore of greater magnitude, so that the response was generally high density performances based on oversized blocks. Due to this high concentration of families, and their great social differences, new conflicts of all kinds began to appear. As a result the buildings began to deteriorate incrementally due to lack of maintenance, conflicts between occupants increased, security problems increased, house proices began to devalue as well as the price of land and adjacent homes and a host of additional problems.

Over the years the problems were such that many of the buildings had to be demolished, and in their place new types of social housing, trying to meet the needs of its occupants, while trying to integrate into the built social and urban fabric of the city, instead of becoming a serious wound.

Some of these new types of social housing have been successful, but in most cases they still have a generalized set of needs. Many housing solutions are still not meeting the basic needs of its occupants in several different ways, and at the same time, continue to generate significant problems in the city,and hinder their development in the desired direction.

de nuevo se tuvo necesidad, en muchos países, de una enorme cantidad de vivienda para los trabajadores poco cualificados y obreros que habían inmigrado a la ciudad, en busca de mejores oportunidades. En este caso, y aunque la demanda de vivienda no era urgente, las viviendas debían ser muy económicas (en muchos países se las comenzó a llamar "casas baratas"), y por tanto básicas, repetitivas, con calidad precaria, y agrupadas en conjuntos bastante densos.

Con el paso de los años, en los años setenta, como consecuencia de las dos grandes crisis del petróleo, la sociedad comenzó a desestructurarse y se amplió considerablemente el estrato de personas más desfavorecidas. De este modo, junto a los obreros aparecieron otros estratos sociales con necesidad de vivienda, tales como madres solteras, ancianos que viven solos, personas sin trabajo, y personas que no deseaban trabajar. La demanda de vivienda era, por tanto, de mayor magnitud, por lo que la respuesta generalizada consistía actuaciones de alta densidad, basadas en bloques de gran tamaño. Debido a esta elevada concentración de familias, y a sus grandes diferencias sociales, comenzaron a aparecer nuevos conflictos de todo tipo. Como resultado los edificios empezaron a deteriorarse de forma incremental debido a la falta de mantenimiento, se incrementaron los conflictos entre sus ocupantes, se incrementaron los problemas de seguridad, decrecieron los precios de las viviendas, y también el precio del suelo y de las viviendas adyacentes, y un sinfín de problemas adicionales. Con el paso de los años los problemas eran de tal magnitud que muchos de los edificios tuvieron que derribarse, y en su lugar se construyeron nuevos tipos de viviendas

Techwood Homes (built in 1936)

Techwood Homes. New project Centennial Place (built in 1996)

Therefore, it is time to summarize and analyze the major problems associated with social housing, in order to identify a list of the most important actions to be taken into account when designing new types of social housing, completely satisfactory in all possible aspects.
Done that, and in addition, you can make a list of actions to be carried out in order to achieve social housing types with the greatest possible ecological level, in order to generate the least possible environmental impact.

1.2. Problems associated with social housing

Then, based on a thorough analysis of complex major social housing in the US, Europe and Latin America is a list of the major problems associated with social housing is provided. This list, of course, is not exhaustive, but represents a valid starting point to begin reflection and necessary to achieve the objectives outlined above analysis.

sociales, que intentaban satisfacer las necesidades de sus ocupantes, y al mismo tiempo intentaban integrarse en la trama social y urbana de la ciudad, en lugar de convertirse en una grave herida en la misma.

Algunas de estas nuevas tipologías de vivienda social han sido exitosas, pero en la mayoría de los casos siguen teniendo un conjunto generalizado de carencias. Muchas soluciones de vivienda social siguen sin satisfacer las necesidades mínimas de sus ocupantes en varios aspectos diferentes, y al mismo tiempo, continúan generando importantes problemas en la ciudad, y entorpecen su evolución en la dirección deseada.

Por tanto, es hora de resumir y analizar los problemas más importantes asociados a la vivienda social, con la finalidad de identificar un listado de las acciones más importantes que deben tenerse en cuenta a la hora diseñar nuevas tipologías de vivienda social, completamente satisfactorias en todos los aspectos posibles.

Hecho ello, y de forma adicional, puede realizar un listado de las acciones que deben llevarse a cabo con la finalidad de lograr tipologías de vivienda social con el mayor nivel ecológico posible, con la finalidad de generar el menor impacto medioambiental posible.

1.2. Problemas asociados a la vivienda social

A continuación, y en base a un análisis exhaustivo de los complejos de vivienda social más importantes de Estados Unidos, Europa y América Latina se proporciona un listado con los problemas más importantes asociados a la vivienda social. Este listado, por supuesto, no es exhaustivo, pero supone un punto de partida válido para comenzar la reflexión y el análisis necesario para lograr los objetivos antes señalados.

Calidad deficiente

La calidad deficiente se suele atribuir sobre todo al poco margen de beneficios que dispone el promotor privado a la hora de construir viviendas sociales. Y por ello, el promotor privado tiende a elegir los materiales más baratos y más precarios. No obstante, algunos promotores consiguen construcciones de mayor calidad que otros, por lo que cabe deducir que la mala calidad se debe también al poco esfuerzo realizado para mejorar el proyecto y la construcción de viviendas sociales.

Proyectos poco creativos

Aunque existen muchas excepciones, la mayoría de los proyectos de vivienda social son extraordinariamente re-

Robert Taylor Homes (built in 1961-1962)   Robert Taylor Homes. New project (built in 2007)

Poor quality

Poor quality is usually attributed mainly to little profit margin available to the private developer when building social housing. And so, the private developer tends to choose the cheapest and most durable material. However, some developers achieve constructions of higher quality than others, so it follows that the poor quality is also due to little effort to improve upon the design and construction of social housing.

Non-creative designs

Although there are many exceptions, most social housing projects are extraordinarily repetitive, bland and alienating to humans. This situation is particularly bad in Latin America where there are traditionally large construction companies who repeat, again and again, the same architectural model devised in the 60s and 70s. These construction companies have "design departments" which in reality consist of artists who use the same housing typologies and the same housing clusters (which were once successful in sales), over and over again, embedded in the spatial constraints of each particular location. "Sales departments" which simply lists the basic characteristics of the most successful housings by other builders propose the design guidelines. As if that were not enough, precarious designs are passed on to

petitivos, anodinos y alienantes para el ser humano. Esta circunstancia se agrava especialmente en América latina en donde existen de forma tradicional grandes empresas constructoras que repiten, una y otra vez, el mismo modelo arquitectónico que idearon en los años 60 y 70. Estas empresas constructoras disponen de "departamentos de diseño", que en realidad son solo dibujantes que utilizan la misma tipología de vivienda, y las misma agrupaciones de vivienda (que en algún momento fueron exitosas en ventas), una y otra vez, encajada en los condicionantes espaciales de cada ubicación particular. Las directrices de diseño las propone el "departamentos de ventas", que simplemente enumera las características básicas de las viviendas más exitosas realizadas por otros constructores. Por si fuera poco, los precarios diseños pasan al "departamento de construcción" en donde los ingenieros realzan cambios unilaterales a lo ya decidido, por lo que en realidad nadie tiene control sobre el resultado final. Por ello, mejorar el diseño de las viviendas sociales en América Latina pasa por cambiar por completo la estructura interna de las empresas promotoras-constructoras.

Imagen devaluada en el mercado

Los conjuntos de vivienda social tienen una imagen de mercado muy devaluada. El concepto de "vivienda social"

"Construction department" where engineers enhance unilateral changes that have already been decided, so no one really has control over the final result. Therefore, improving the design of social housing in Latin America consists of completely changing the promoter-builders' internal structure.

Devalued image in the market

The sets of social housing have a picture of very undervalued market. The concept of "social housing" is so imbued with negative elements and associated with so many problems that taking on such a construction project is not interesting for investors or for contractors. On the other hand, sets of social housing do not help "city building" because they are huge commuter towns, and just include other types of uses and activities, such as meeting rooms, food stores, shops, cafe, cinema, offices, markets, etc ...
This also generates other side effects that make it impossible to develop around the sets of social housing, the city does not evolve in the right way and is paralyzed. This is due in turn to two closely related factors. On one hand, the adjoining land does not increase its value, and secondly, because the usual social conflicts in these sets, the adjacent land is not usually in demand by the middle and upper strata of society, so construction in the area comes to a halt.

High user dissatisfaction

Some users say they are satisfied with social housing. The complaints are varied and diverse, indicating that more than a specific problem; social housing has a widespread problem in its design, development, construction and management. Perhaps separately it is a case of small problems, but are so many and so varied, that the results do not satisfy almost anyone. Everything indicates that there is a

Pruitt Igoe (built in 1955-1956)

esta tan impregnado de elementos negativos y asociado a tantos problemas, que su construcción no es interesante ni para inversores, ni para contratistas. Por otro lado, los conjuntos de vivienda social no ayudan a "hacer ciudad" ya que son enormes ciudades-dormitorio, y apenas incluyen otro tipo de usos y actividades, tales como: salas de reuniones, tiendas de alimentación, comercios, cafetería, cines, oficinas, mercados, etc...
Este hecho genera además otros tipos de efectos colaterales, que hacen que incluso en los alrededores de los conjuntos de vivienda social, la ciudad no evolucione de la forma adecuada y quede paralizada. Esto se debe a su vez a dos factores íntimamente relacionados. Por un lado, los terrenos colindantes no incrementan su valor, y por otro lado, debido a los conflictos sociales habituales en estos conjuntos, los terrenos adyacentes no suelen ser demandados por los estratos medios y altos de la sociedad, por lo que su construcción se ralentiza al máximo.

Alta insatisfacción de los usuarios

Pocos usuarios aseguran estar satisfechos con una vivienda social. Las quejas son muy variadas y de todo tipo, lo que indica que más que un problema concreto, las viviendas sociales tienen un problema generalizado en su diseño, su promoción, su construcción y su gestión. Quizás por separado se trate de problemas pequeños, pero son tantos y tan variados, que el resultado no satisface a casi nadie. Todo indica que existe una falta de interés real y de profesionalidad por parte de los promotores. Para la mayoría de ellos la vivienda social es solo un negocio más, con el que tienen cierta familiaridad.

Ubicación en suelo de escaso valor de la tierra

Dado el reducido margen de beneficios en la promoción y construcción de vivienda social, los promotores tienden a escatimar al máximo en todos los capítulos de la obra, y especialmente en la elección de los terrenos a edificar. Siempre eligen el suelo más barato, que suele ser el suelo más alejado de la ciudad y/o el menos equipado. No obstante, al edificar en suelo rural o poco equipado el promotor debe construir el equipamiento y las infraestructuras necesarias, por lo que, una vez finalizada la construcción del conjunto, se da la paradoja que el precio final es muy parecido al precio que hubiera costado construir en lugares más cercanos a la ciudad, más caros, pero mejor equipados. Por ello, la administración debería tomar las medidas necesarias para no permitir esta práctica habitual, y obligar a los promotores a construir en el interior de las ciudades y colaborando en su compactación y correcta evolución. Sin duda alguna,

Morrisania air rights (built in 1980)

lack of real interest and professionalism on the part of the promoters. For most of them social housing is just another business, with which they have some familiarity.

Location of land of low value land

Given the low profit margin in the development and construction of social housing, developers tend to skimp maximum in all chapters of the work, especially in the choice of land to build. They tend to always choose the cheapest land, which is usually the farthest from the city and / or less developed. However, to build on rural land or poorly equipped the developer must build the equipment and the necessary infrastructure, so that once the construction of the assembly is complete, the paradox occurs that the final price is very similar to the price it would have cost to build closer to the city, more expensive but better equipped places. Therefore, management should take steps to not allow this common practice, and force developers to build in the inner cities and helping to correct city density and evolution. Without a doubt, this common practice is the greatest danger for Latin American cities.

esta práctica habitual es el mayor peligro de las ciudades latinoamericanas.

Ubicación lejana, favoreciendo la segregación social

Buscando suelos más baratos los promotores se alejan cada vez más de los núcleos de las ciudades y fuerzan la recalificación de suelos rústicos para edificar complejos de vivienda social. Como resultado las ciudades se dispersan y son cada vez más caras de construir y de mantener, y por supuesto, menos ecológicas. De este modo, y como principal efecto colateral, la ciudad se segmenta en estratos sociales bien diferenciados, y se obstaculiza la integración de los estratos bajos en su estructura social y urbana.

La administración debería cortar de raíz de forma inmediata esta práctica, estableciendo mecanismos que reduzcan la especulación sobre los terrenos edificables del interior de la ciudad, y fomente su inmediata construcción de forma prioritaria.

Poca diversidad funcional (ciudades dormitorio)

La mayoría de actuaciones de vivienda social no incluyen la diversidad de usos y actividades necesarias para el ser humano, y por tanto no son capaces de generar una trama social y urbana positiva para la ciudad. Por ello estas actuaciones se suelen identificar con barrios-dormitorio, que permanecen deshabitados durante el día, cuando sus residentes salen a trabajar a otros lugares de la ciudad. De este modo estas actuaciones de vivienda social se convierten en una herida de la ciudad, generando multitud de problemas, y especialmente una disgregación social.

Alta densidad del conjunto

La excesiva densidad de las primeras actuaciones de vi-

First Houses (built in 1935-1936) in 2011

Distant location, favoring social segregation

Looking for cheaper land developers are increasingly moving away from the cores of the cities and force the reclassification of rural land to build social housing complexes. As a result cities disperse and are increasingly expensive to build and maintain, and of course less ecological. Thus, as the main side effect, the city is segmented into distinct social strata, the lower strata is limited by their social and urban structure which forms a barrier for upward social movement.

The administration should nip this practice at the root immediately, establishing mechanisms to reduce speculation on building sites inside the city, and swiftly encourage construction as the main priority.

Little functional diversity (commuter towns)

Most performances of social housing do not include the diversity of uses and necessary for human activities, and therefore are not able to generate a positive social and urban city fabric. Therefore these actions are often associated with commuter-towns, which remain unoccupied during the day when residents leave to work elsewhere in the city. Thus these actions of social housing become a wound of the city, creating many problems, especially when considering social segregation.

High density of the set

Excessive density of the first actions of social housing created a host of social problems and internal conflicts, including encouraging common crime. The neighbors have expressed widespread rejection, and a huge number of buildings had to be demolished. At present the sets of social housing have recovered the human scale and create less problems. However, influenced by the usual bland designs, occupants still complain of high density.

In this regard the concept of "compact city", which can be achieved with 4 or 5 story blocks, should not be confused with excessively dense examples that focus on mammoth high rise buildings.

1.3. Design parameters to achieve the best possible social housing

Based on the analysis of the major problems associated with social housing, you can make a list of parameters to be taken into account when designing, with guaranteed success, the best possible type of social housing. One type of social housing can satisfy its occupants, and are perfectly integrated into the urban and social structure of cities, allowing proper future development.

vienda social creó un sinfín de problemas sociales y conflictos internos, fomentando incluso la delincuencia común. Los vecinos han manifestado su rechazo generalizado, y una enorme cantidad de edificios tuvo que derribarse. En la actualidad los conjuntos de vivienda social han recuperado la escala humana y generan menos problemas. No obstante, e influidos por los anodinos diseños habituales, los ocupantes siguen quejándose de una elevada densidad. A este respecto no debe confundirse el concepto de "ciudad compacta" que se puede conseguir con bloques de 4 o 5 alturas, con las actuaciones excesivamente densificadas, al concentrarse demasiadas viviendas en edificios mastodónticos de gran altura.

1.3. Parámetros de diseño para lograr la mejor vivienda social posible

En base al análisis de los problemas más importantes asociados a la vivienda social, se puede realizar un listado de parámetros que deben tenerse en cuenta a la hora de diseñar, con garantías de éxito, la mejor tipología de vivienda social posible. Una tipo de vivienda social capaz de satisfacer a sus ocupantes, y que se integre perfectamente en la estructura urbana y social de las ciudades, permitiendo su correcta evolución futura.

Amsterdam Houses and Amsterdam Addition
(built in 1948 and 1974)

Complejo Karl-Marx-Hof (built in 1930) Viena.

1. Integrated Location and nearby urban centers

Development of social housing should be within urban centers, or at most within their already developed periphery. This can improve the infrastructure and equipment already available in the city, and costs required are reduced to optimize resources and minimize energy consumption. Similarly it minimizes energy, costs and requires the movements of their occupants. Development of social housing should never be allowed independent of or far from the urban fabric of the city.

2. Integration in urban and social fabric of the city

The actions of social housing must not become an "island" in the inner city or in its periphery, but must be integrated to the maximum in its urban fabric. To do this, first, proper planning of urban development strategies in different areas of the city should be done, and establish management

1. Ubicación integrada y cercana en los núcleos urbanos

Las actuaciones de vivienda social deben estar en el interior de los núcleos urbanos, o como máximo en su periferia dispersa. De este modo se pueden mejorar las infraestructuras y del equipamiento ya disponible en la ciudad, y se reducen los costes necesarios, al optimizar los recursos y reducir al máximo el consumo energético. Del mismo modo se reduce al máximo la energía y los costes necesarios en los desplazamientos de sus ocupantes. Nunca deben permitirse realizar actuaciones de vivienda social independientes o alejadas de la trama urbana de la ciudad.

2. Integración en la trama urbana y social de la ciudad

Las actuaciones de vivienda social no deben constituir una "isla" en el interior de la ciudad, o en su periferia, sino que deben integrarse al máximo en su trama urbana. Para ello, en primer lugar, debe realizarse una correcta planificación

Allen Parkway Village (built in 1944)

North Beach Hope VI (built in 2004)

strategies to freeze the price of land, and control speculation (higher taxes, create special taxes, create neighborhood associations with social power, establishing special law firms, etc ...). Furthermore, the design of the actions of social housing homes, equipment and infrastructure existing in the different areas involved in the city, adapting to new needs and desired new uses should be included. Finally, the design of the urban fabric of the performance of social housing should be integrated seamlessly into the existing urban fabric, or be followed nonexperimental design parameters to ensure that integration. To do this the design process must be controlled by neighborhood associations, representatives of future occupants, or non-profit associations, created for this purpose. Never allow the process fall into the hands only of the administration, or the different private developers.

3. Compact architectural structure
The first objective that any city should consider to ensure proper future development is compacted in the most appropriate manner, in order to cope with certain guarantees of success the many economic, social and ecological problems that society will have in the coming years. Therefore, the types of social housing should be compact, occupying the least amount of land, while ensuring the existence of green areas and necessary farmland. Construction of housing blocks of various heights should be encouraged and building single-family row houses avoided. Similarly, the structure of roads and public spaces must ensure the satisfaction of human needs, while increasing the population density to the most appropriate point in each society and environment.

de las estrategias de ordenación urbana en las diferentes zonas de la ciudad, y establecer estrategias administrativas para congelar el precio del suelo, y controlar la especulación (subida de impuestos, crear impuestos especiales, crear asociaciones vecinales con poder social, instaurar gabinetes jurídicos especiales, etc...). Por otro lado, en el diseño de las actuaciones de vivienda social deben incluirse las viviendas, el equipamiento y las infraestructuras ya existentes en las diferentes zonas involucradas de la ciudad, adaptándolas a las nuevas necesidades y a los nuevos usos deseados. Por último, el diseño de la trama urbana de la actuación de vivienda social debe integrarse perfectamente en la trama urbana ya existente, o deben seguirse parámetros de diseño no experimentales que asegure dicha integración. Para ello debe controlarse el proceso de diseño por parte de asociaciones vecinales, representantes de los futuros ocupantes, o de asociaciones sin ánimo de lucro, creadas a tal efecto. Nunca debe permitirse que el proceso caiga en manos únicamente de la administración, ni de los diferentes promotores privados.

3. Estructura arquitectónica compacta
El primer objetivo que cualquier ciudad debe plantearse para asegurar su correcta evolución futura es compactarse de la forma más adecuada, con la finalidad de afrontar con ciertas garantías de éxito los innumerables problemas económicos, sociales y ecológicos que la sociedad tendrá en los próximos años. Por ello, las tipologías de vivienda social deben ser compactas, ocupando la menor cantidad posible de suelo, y al mismo tiempo garantizar la existencia de las zonas verdes y de cultivo necesarias. Debe fomentarse la construcción de bloques de viviendas de varias alturas, y

Manuel de las Casas, Alcobendas (Madrid), 1996 Spain

Lakótelepi panellakások a
Tömörkény utcában Makón.
(1959-1990) Hungary

4. Height Growth

Group homes in blocks increases city density, and therefore minimizes the need for per capita (equipment and infrastructure) resources. Similarly, increasing the number of heights built in each minimizes the economic cost per capita of equipment and infrastructure required, and allows the best possible equipment per city block, and therefore for its public spaces. As a result, the city is more economical for its citizens and is able to satisfy the needs of more residents. Therefore, blocks of social housing should be as high as possible in each case, avoiding going off the human scale, and avoiding the creation of alienating and degrading blocks for the human species. In my experience, and based

Barre Balzac (built in 1956, demolished 2011) France

evitarse la construcción de viviendas en hilera y unifamiliares. Del mismo modo, la estructura de viales y espacios públicos debe garantizar la satisfacción de las necesidades humanas, y al mismo tiempo aumentar la densidad de población hasta el punto más adecuado en cada entorno social y medioambiental.

4. Crecimiento en altura

Agrupar las viviendas en bloques aumenta la compactación de la ciudad, y por tanto reduce al máximo la necesidad de recursos per cápita (equipamiento e infraestructuras). Del mismo modo, aumentar el número de alturas edificadas en cada bloque reduce al máximo el coste económico per cápita del equipamiento e infraestructuras necesarios, y permite el mejor equipamiento posible de la ciudad, y por tanto de sus espacios públicos. Como consecuencia, la ciudad resulta mas económica para sus ciudadanos, y es capaz de satisfacer mucho más sus habitantes. Por ello, los bloques de vivienda social deben tener la mayor altura posible en cada caso, evitando salirse de la escala humana, y evitando crear bloques alienantes y degradantes para la especia humana. Por mi experiencia, y en base al estudio de las diferentes actuaciones de vivienda social existentes, la altura de los bloques debe oscilar entre un mínimo de 4-5 plantas (sin necesidad de ascensor), y un máximo de 8-10 plantas.

Complex Bouça Vivienda, Porto
(1973) Portugal

on the study of different designs of existing social housing, the height of the blocks should be between a minimum of 4-5 floors (without the need of a lift), and a maximum of 8-10 plants.

5. Maximum level of self-sufficiency

In order that the actions of social housing do not imply a negative impact on the social structure and the urban fabric of a city it must have the highest level of self-sufficiency possible, depending on its magnitude. This self-sufficiency is relative to any human need: education, employment, leisure, water, energy, food, waste management, ... etc ... Obviously the smaller actions cannot generate economies of sufficient scale to enable its partial self-sufficiency in these aspects. Therefore any development of social housing should be perfectly integrated into the city, with the aim of creating alliances with other existing neighborhoods and thus create a larger and more compact neighborhoods that can increase their self-sufficiency.

6. Incorporate crop areas and farms

Create crop areas and small farms atomized in different areas of the city, allowing partial self-sufficiency in staple foods (Garden crops, legumes and vegetables), while permanent jobs are generated, and the necessary channeled "ruralización "of the city. These areas of crops could be placed around the different self-sufficient neighborhoods, and thus possible to maintain their individuality and overall diversity of the city. Therefore, due to its scale and depending on its magnitude, the different actions of social housing

5. Máximo nivel de autosuficiencia

Con la finalidad de que las actuaciones de vivienda social no supongan un impacto negativo en la estructura social y la trama urbana de una ciudad deben tener el mayor nivel de autosuficiencia posible, dependiendo de su magnitud. Esta autosuficiencia es relativa a cualquier necesidad humana: educación, empleo, ocio, agua, energía, alimentos, gestión de residuos,...etc... Es evidente que las actuaciones más pequeñas no pueden generar una economía de escala suficiente para posibilitar su autosuficiencia parcial en estos aspectos. Por ello cualquier desarrollo de vivienda social debe estar perfectamente integrado en la ciudad, con la finalidad de crear alianzas con otros barrios ya existentes y de este modo crear barrios más grandes y compactos que puedan incrementar su autosuficiencia.

6. Incorporar zonas de cultivo y granjas

Crear zonas de cultivos y pequeñas granjas atomizadas en las diferentes zonas de la ciudad, permite la autosuficiencia parcial en alimentos básicos (hortalizas, verduras, leguminosas y verduras), al mismo tiempo que se generan puestos de trabajo permanentes, y se encauza la necesaria "ruralización" de la ciudad. Estas zonas de cultivos podrían ubicarse alrededor de los diferentes barrios autosuficientes, y de este modo, posibilitan el mantenimiento de su individualidad y la diversidad global de la ciudad. Por ello, debido a su escala y dependiendo de su magnitud, las diferentes actuaciones de vivienda social deben integrar en su planeamiento la ubicación y gestión de las diferentes zonas de cultivo, que ayuda al sustento básico de sus ocupantes.

should be integrated into their planning the location and management of different growing areas, which helps the basic livelihood of its occupants.

7. Right mix of uses and activities
One of the most important problems of the city lies in the poverty of uses and activities in different areas. For example, in business areas it is dead in the evenings and on weekends, while "commuter" zones are a ghost town during the entire week. It is therefore appropriate that all areas of the city include a convenient combination of all uses and activities, in order to have life at any time of day, every day of the year, reducing its associated problems, and increasing their level ecological. Similarly, the great performances of social housing, must necessarily include recreational, commercial, and agricultural and livestock if possible work activities. This will avoid having a negative impact on the city, and ensure the correct generation of urban fabric, able to meet human needs, and to allow the development of the city in the right direction.

8. Integration of different social strata
One of the basic problems of all the great examples of social housing is they eventually become the lair of the poorest and most troubled sectors of the city. Besides these actions do not give occupants the possibility to ascend the social ladder. Therefore resulting in different social experiments that try to force the coexistence of different social strata within the same area of activity. Unfortunately this mixture has not been successful, and the higher strata have always performed badly. However this does not mean you should not promote coexistence between different social

7. Combinación adecuada de usos y actividades
Uno de los problemas más importantes de la ciudad radica en la pobreza de usos y actividades de sus diferentes zonas. Así por ejemplo, la zona de negocios queda muerta por las noches y los fines de semana, mientras que las zonas "dormitorio" quedan muertas a lo largo de todo el día durante la semana. Por ello conviene que todas las zonas de la ciudad incluyan una combinación conveniente de todo tipo de usos y actividades, con la finalidad de tener vida en cualquier momento del día, todos los días del año, disminuyendo todos los problemas asociados, y aumentando su nivel ecológico. Del mismo modo, las grandes actuaciones de vivienda social, deben necesariamente incluir actividades laborales, lúdicas, comerciales, y también agrícolas y ganaderas a ser posible. De este modo se evita que tengan un impacto negativo sobre la ciudad, y aseguran la generación de un correcto tejido urbano, capaz de satisfacer las necesidades humanas, y de permitir el desarrollo de la ciudad en la dirección correcta.

8. Integración de diferentes estratos sociales
Uno de los problemas básicos de todas las grandes actuaciones de vivienda social es que acaban convirtiéndose en la guarida de los estratos más pobres y conflictivos de la ciudad. Además estas actuaciones no dan la posibilidad a sus ocupantes de escalar socialmente. Por ello, en diferentes experimentos sociales se ha intentado forzar la convivencia de diferentes estratos sociales dentro de una misma área de actuación. Pero lamentablemente esta mezcla no ha sido exitosa, y los estratos más altos siempre han salido malparados. No obstante ello no significa que no haya que fomentar la convivencia entre diferentes estratos sociales, ya que seguramente sea la única posibilidad existente que

Council Housing or Council Estate, London (1921-1935) United Kingdom

Council Housing or Council Estate, London (1921-1935) United Kingdom

Ciudadela Real de Minas 1977. Perspective square

Ciudadela Real de Minas. Fotografia panoramica plaza mayor

strata, since it is probable the only existing possibility to provide upward movement and social development of the disadvantaged, and the only way to create a suitable urban social fabric.

Instead, new forms of coexistence between strata should be established so that each layer remains distinct from the other through architectural and urban strategies (eg separated by gardens, identifying different types of housing, stratified by road ...), and at the same time remain integrated with each other (while trying to explain the concept, there comes a famous phrase castiza to mind: "every man in his own house and God in every one of them"). In the design of ecological city "El Rodeo" in Cali, I use different strategies to achieve this ambitious goal.

9. Encourage pride of ownership and the need for improvement

The purpose of mixing different social strata in the same action is to encourage the lower strata healthy need of improvement, in order to encourage them some work culture, and thus move up in the social ladder. Of coarse, a Colombian family social stratum one can never be expected to be-

facilite la escala y la evolución social de los más desfavorecidos, y el único modo de crear un entramado urbano y social adecuado.

En su lugar, deben establecerse nuevas formas de convivencia entre estratos, de tal modo que cada estrato quede diferenciado de otro mediante estrategias arquitectónicas y urbanísticas (por ejemplo separados por jardines, identificando tipologías diferentes de viviendas, estratificados mediante viales...), y al mismo tiempo permanezcan integrados entre sí (Mientras intento explicar el concepto, me viene una famosa frase castiza a la mente: "cada uno en su casa y Dios en la de todos"). En el diseño de la ciudad ecológica "El Rodeo" en Cali, hice uso de diferentes estrategias para lograr este ambicioso objetivo.

9. Fomentar del orgullo de propiedad y la necesidad de superación

El objetivo de mezclar diferentes estratos sociales en una misma actuación es fomentar en los estratos más bajos una sana necesidad de superación, con la finalidad de incentivarles cierta cultura del trabajo, y de este modo ascender en la escala social. Seguramente, una familia colombiana

lieve that they can achieve the lifestyle of a social stratum seven. Therefore it could generate a feeling of helplessness, envy and rejection, and therefore a serious internal conflict. Instead this family itself could see the possiblity to reach a social stratum four. Therefore, the combination of strata should be established in stages and sequentially within the same area of activity, so that each neighbor can see close social stratum that would be within reach, provided they strive a little more. Similarly, each resident should be aware that, although not very close each one is just a stone's throw away from a higher social strata, that generates a need for continuous improvement throughout one's life.

10. Create opportunities for promoting cordial neighborly relations

The neighborhood cordial relations are always positive, and avoid many problems that can be solved and allow others. Creating these cordial relations depends on many factors, but it is obvious that if the architectural design does not allow them to develop, they will hardly develop at all. Therefore all kinds of strategies that aim at the creation of public spaces and green spaces interior spaces that facilitate the lives of the occupants beyond their private homes can be used, as well. These spaces should never try to force relationships, but rather should insinuate them. Therefore they are suggested in complex ways in the architectural structure of the buildings and outdoor spaces.

11. Endogenous generation of employment and social activity

People who are forced to live in social housing have a low or very low purchasing power, therefore, one of the most effective actions that can be taken in order to integrate them into the social arm of a city is to offer a job or facilitate access to it. Fortunately social housing complexes allow the generation of jobs. Since the creation of small core businesses to meet the most basic needs of its occupants (bakeries, drug stores, barber shops, kindergartens, …) to create related to the new farming jobs, through private contracting for maintenance of the complex companies which, in turn recruit some of the neighbors. The possibilities are enormous. You just have to be willing to generate them.

12. Custom design, not monotonous and differential

Like everyone wants to be fairly integrated into society, and in turn want to highlight their own distinct identity over others, this is reflected in one's home. The objective is therefore to create accessible and simple dwellings, without departing from the average surroundings, but at the same time making each one distinct from the others. Thus the

de estrato social uno, no pueda creerse nunca que pueda alcanzar el modo de vida de un estrato social siete. Por ello se podría generar una sensación de impotencia, de envidia y de rechazo, y por tanto un grave conflicto interno. En cambio esta misma familia sí que podría ver posible alcanzar un estrato social cuatro. Por tanto, la combinación de estratos debe establecerse de forma escalonada y secuencial dentro de una misma área de actuación, de tal modo que cada vecino pueda ver de cerca un estrato social que estaría a su alcance, siempre y cuando se esforzara un poco más. Del mismo modo, cada vecino debe ser consciente que, aunque no tan cercanos también tiene a un tiro de piedra estratos sociales más altos, que le generen una necesidad de superación continuada a lo largo de su vida.

10. Crear espacios para fomentar relaciones cordiales de vecindad

Las relaciones cordiales vecinales son siempre positivas, y evitan muchos problemas y permiten que puedan resolverse otros. Crear estas relaciones cordiales depende de multitud de factores, pero es más que evidente que si el diseño arquitectónico no permite que se desarrollen, difícilmente se desarrollarán. Por ello deben utilizarse todo tipo de estrategias que tengan por finalidad la creación de espacios públicos y espacios verdes, así como espacios interiores, que posibiliten la vida de los ocupantes más allá de sus viviendas privadas. Estos espacios nunca deben intentar forzar las relaciones, sino al contrario deben insinuarse para permitirlas. Por ello deben articularse de forma compleja en la estructura arquitectónica de los edificios y de los espacios exteriores.

11. Generación endógena de empleo y actividad social

Las personas que se ven obligadas a vivir en viviendas sociales tienen un bajo o muy bajo poder adquisitivo, por tanto, una de las acciones más efectivas que pueden tomarse con la finalidad de integrarlas a la rama social de una ciudad es ofrecerles un empleo, o facilitarles el acceso al mismo. Afortunadamente los complejos de vivienda social permiten la generación de empleos. Desde la creación de pequeños negocios básicos para satisfacer las demandas más básicas de sus ocupantes (panaderías, droguerías, peluquerías, guarderías, …), hasta la creación de empleos relacionados con la nueva actividad agrícola, pasando por la contratación privada del mantenimiento del complejo a empresas que -a su vez- contraten a algunos de los vecinos. Las posibilidades son enormes. Solo hay que tener la voluntad de generarlas.

12. Diseño personalizado, no monótono y diferenciado

Al igual que cada persona desea estar medianamente in-

uniqueness of each neighbor feeds the feeling that your home is one of a kind (ie better than the rest).

13. Singular design

The same thing happens respect of residential property is valid for blocks that house the housings. Although all must be in harmony, and designed with the same general compositional rules, each block must have its own identity and provide its occupants the feeling that the block they inhabit is unique (and therefore better than others).

14. Flexible architecture structure

There is now a huge crowd of family types, which in turn evolve and vary considerably over time. And conversely, most promoters around the world offer an apartment with three bedrooms, a toilet and a bathroom. No doubt the promoters must be educated and controlled by neighborhood associations, non-profits, in order to provide various types of housing, and all types of housing that can be easily reconfigured, adapting to the needs of any family (see typologies designed for ecological city "El Rodeo").

15. Maximum reduction of maintenance

Lack of maintenance is a widespread problem in social housing. Therefore the design of buildings should ensure minimum maintenance of both the building and its facilities and outdoor spaces. You should carefully choose the materials, color and texture, and should reduce to lowest possible number of facilities and equipment incorporated in buildings. Finally, specialized companies whose fees must be secured by different complementary strategies should carry out maintenance management.

16. Incorporate education centers or close to them

The education of the lower social strata is their most powerful tool for upward movement. Therefore, the actions of social housing buildings should include certain size to accommodate childcare and basic training activities and training necessary. In the event that the proceedings have smaller dimensions must ensure the proximity of the necessary free educational institutions.

17. Private Promotion

Public administration has amply demonstrated its inability to manage the promotion of social housing. Therefore, and widely, promotion and social housing should fall in private and professional specialists and experienced hands.

tegrada en la sociedad, y a su vez desea resaltar su propia identidad diferenciada respecto de los demás, lo mismo ocurre con su vivienda. El objetivo es por tanto crear viviendas accesibles y sencillas, sin alejarse de la media del entorno, pero al mismo tiempo cada una diferente de las demás. De este modo se retroalimenta la singularidad de cada vecino que tiene la sensación de que su vivienda es única (es decir, mejor que el resto).

13. Diseño singular

Lo mismo que ocurre respecto de las viviendas es válido para los bloques que albergan las viviendas. Aunque deben estar todos en consonancia armónica, y diseñados con las mismas reglas compositivas generales, cada bloque debe tener su propia identidad y proporcionar a sus ocupantes que el bloque en el cual habitan es único (y por tanto mejor que los demás).

14. Estructura arquitectónica flexible

En la actualidad existe una enorme multitud de tipologías familiares, que a su vez evolucionan y varían considerablemente con el paso del tiempo. Y por el contrario, la mayoría de los promotores del planeta solo ofrecen un apartamento con tres dormitorios un aseo y un baño. Sin duda los promotores deber ser educados y controlados por asociaciones vecinales sin ánimo de lucro, con la finalidad de ofrecer varios tipos de viviendas, y sobre todos tipos de vivienda que se puedan reconfigurar fácilmente, adaptándose a las necesidades de cualquier familia (véanse las tipologías diseñadas para la ciudad ecológica "El Rodeo").

15. Reducción máxima de la necesidad de mantenimiento

La falta de mantenimiento es un problema generalizado en las viviendas sociales. Por ello el diseño de los edificios debe asegurar un mantenimiento mínimo tanto del edificio, como de sus instalaciones y espacios exteriores. Se deben elegir cuidadosamente los materiales empleados, su color y su textura, y se debe disminuir al máximo la cantidad de instalaciones y equipamiento incorporados en los edificios. Por último, la gestión del mantenimiento debe llevarse a cabo por empresas especializadas, cuyos honorarios deben asegurarse mediante diferentes estrategias complementarias.

16. Incorporar centros de educación o cercanía a los mismos

La educación de los estratos sociales más bajos es su herramienta más poderosa para poder escalar a otros estratos más altos. Por ello, las actuaciones de vivienda social de cierta envergadura deben incluir edificios para albergar

Facades Ciudadela Colsubsidio

guarderías infantiles, y las actividades de formación básica y de formación profesional necesarias. En el caso de que las actuaciones tengan unas dimensiones más reducidas se debe asegurar la cercanía de las instituciones educativas gratuitas necesarias.

17. Promoción privada

La administración pública ha demostrado sobradamente su incapacidad para gestionar la promoción de viviendas sociales. Por tanto, y de forma generalizada, la promoción y construcción de viviendas sociales debe recaer en manos privadas y profesionales especialistas y experimentados.

18. Disminución de los trámites y del control de la administración

Este punto es importantísimo, y quizás es la mayor queja de los promotores privados de vivienda social. Hoy en día el ciudadano está ahogado por un sinfín de trámites que debe realizar con la finalidad de desenvolverse en su vida cotidiana. Es solo una manifestación de la nueva edad media en que vivimos, en la cual, las clases dirigentes, una vez han alcanzado el poder, se dedican a aprobar leyes que les permita seguir en el poder, con una comodidad relativa. Para ello deben controlarlo todo, y llenar la sociedad de funcionarios (que no funcionan ni hacen funcionar) y de una enorme cantidad de trámites burocráticos.

En este sentido, el sector de la construcción está plagado de multitud de normas, muchas veces incompatibles entre sí, (por ejemplo en España existen unas 7.000 normas relacionada directa o indirectamente con la construcción) que tienen como principal objetivo crear un laberinto burocrático, con la finalidad de permitir que se haga lo que se desea, y de no permitir que se haga lo que no se desea (siempre habrá alguna norma que no se cumpla). La vivienda social es una actividad prioritaria en cualquier sociedad, y por tanto debería ser la primera actividad en la que redujeran drásticamente sus trámites burocráticos.

19. Gestión privada

Los funcionarios que no funcionan, tampoco funcionan en el sector de la construcción. La administración ha demostrado en cualquier país que no sabe gestionar adecuadamente la vivienda social. Y la primera conclusión a la que se ha llegado en cualquier país es que la gestión de los complejos de vivienda social y su mantenimiento, debe caer en manos de empresas privadas especializadas. De este modo además se crean empleos y actividades generadores de riqueza, y se podrían reducir los funcionarios.

18. Decrease of procedures and management control

This point is important, and perhaps the biggest complaint from private developers for social housing. Today the city is drowned by endless formalities to be carried in order to function in their daily lives. It's just a manifestation of the new media age in which we live, in which the ruling classes, once they come to power, are dedicated to passing legislation that allows them to stay in power, in relative comfort. They must control everything, and fill Society officials (not working or operated) and a huge amount of paperwork.

In this sense, the construction sector is plagued by many standards, often incompatible, (for example in Spain there are about 7,000 directly or indirectly related to the construction standards) whose main objective is to create a bureaucratic maze, with in order to allow it to do what you want, and not allow it to do what you do not want (there will always be some rule that is not met). Social housing is a priority in any society, and therefore should be the first activity that drastically reduces the paperwork involved.

19. Private management

Officials who never get the job done also do not get the job done in the construction industry. The administration has demonstrated that it cannot adequately manage social housing in any country. And the first conclusion reached by any country is that the management of social housing complexes and maintenance should fall into the hands of specialized private companies. Thus besides jobs and wealth creation activities are created, and might reduce staff.

Aerial view Ciudadela Colsub

20. Access rent and property

This point is currently being developed in most countries. It is that you can access social housing both rented or owned, and create different economic and fiscal aid to facilitate such access. Similarly appropriate strategies must be developed so that tenants have an easy and simple path to ownership.

21. Individualized and non-free access

Perhaps one of the most failed policies related to social housing is tempted to offer free housing to certain people (eg the current VIP policy Colombia). Clearly, in any country will always be a very poor stratum, but providing free housing solves nothing. Moreover, it can be extremely detrimental to the social set in which the following are present (lack of proper maintenance, lack of public awareness, absence of work ethic, comparative grievances with other neighbors who pay ... etc). Instead other aid (a decent job for example) should be offered and allow citizens to choose for themselves the housing which they can access, an example of populist politics in the Third World, which permanently anchors it in the same situation.

20. Acceso en alquiler y en propiedad

Este punto ya se está desarrollando actualmente en la mayoría de países. Se trata de que se pueda acceder a la vivienda social tanto en régimen de alquiler como en propiedad, y crear diferentes ayudas económicas y fiscales para facilitar este acceso. Del mismo modo deben realizarse las estrategias oportunas con la finalidad de que un inquilino en régimen de alquiler tenga un acceso, fácil y sencillo, al régimen de propiedad.

21. Acceso individualizado y no-gratuito

Quizás una de las políticas más fallidas asociadas a la vivienda social es caer en la tentación de ofrecer viviendas gratuitas a ciertos ciudadanos (por ejemplo la actual política VIP de Colombia). Es evidente que en cualquier país siempre existirá un estrato paupérrimo, pero ofrecer gratuita una vivienda no resuelve nada. Es más, puede ser enormemente perjudicial para el conjunto social en el que se ubiquen (falta de mantenimiento adecuado, falta de conciencia ciudadana, no existencia de una moral del trabajo, agravios comparativos con el resto de vecinos que pagan... etc). En su lugar deberían ofrecerse otras ayudas (un em-

Interior Common Areas

22. Proper selection of candidates

Social housing has been created to provide decent housing to people with lower incomes in order to avoid social conflicts. However, there is a huge casuistry of people with few resources (unemployed single mothers, unemployed single mothers elderly without pensions, people in temporary unemployment, higher structural unemployment, common criminals, hustlers, homeless, workers with few resources, etc ..) and therefore the mistake of treating them equally should not be made . Certainly the sector needs more help for single mothers, and the elderly destitute and unemployed, and therefore should have a privileged position in access to housing. Instead of common criminals or homeless (which there are more and more) should be separated from all other strata, and should be treated alternately.

pleo digno por ejemplo) y permitir que el ciudadano elija por sí mismo la vivienda a la cual pueden tener acceso. Un ejemplo de política populista del tercer mundo, que lo ancla en el mismo de forma permanente.

22. Correcta selección de candidatos

La vivienda social se ha creado para ofrecer un hábitat digno a las personas con menos recursos económicos con la finalidad de evitar conflictos sociales. Sin embargo, existe una enorme casuística de personas con pocos recursos (madres solteras sin empleo, madres solteras con empelo, ancianos sin pensiones, personas en desempleo temporal, mayores con desempleo estructural, delincuentes comunes, vividores, vagos, trabajadores con pocos recursos, etc..) y por lo tanto no se debería caer en el error de tratarlos por igual. Sin duda el sector que más ayuda necesita es el de madres solteras, y el de mayores sin recursos y sin empleo, y por tanto deberían tener una posición privilegiada en el acceso a la vivienda. Por el contrario lo delincuentes comunes o los vagos (que cada vez hay más) deberían ser alejados del resto de estratos, y deberían ser tratados de forma alternativa.

2. Ecological and bioclimatic social housing

2.1. Towards a green social housing and Bioclimatic

In the previous chapter the basic parameters to consider for successful implementation of social housing have been analyzed, in order to meet the basic needs of its occupants, and able to integrate them into the social structure of each environment. What remains is an analysis of the characteristics that social housing must have, in order to integrate in the natural ecosystem with the highest level possible, and therefore with the lowest possible energy consumption, with the least amount of generated waste and emissions, and optimizing the use of natural resources and man-made resources.

The process for designing ecological and bioclimatic social housing is the same as for designing any type of house, or any type of building. However, given the low budget to carry out these actions, each and every possible action must be dissected, and only the most effective and the most economic should be used.

2.2. Ecological design

To achieve ecological architecture perfectly integrated into the natural ecosystem, I created and perfected over 20 years, a design methodology and assessment based on the fulfillment of six pillars, and 39 ecological indicators.

1. Resource Optimization. Natural and artificial
2. Reduction of energy consumption
3. Promotion of natural energy sources
4. Reduction of waste and emissions
5. Enhancing the quality of life of the occupants of the buildings
6. Reduction maintenance and cost of buildings

The degree of achievement of each of these pillars is therefore the ecological level of a building.

As these pillars are very general and ambiguous, it is necessary to divide them into several parts, so they are different, and at the same time, easy to identify, execute, and evaluate. These parts are called "ecological indicators", and can be used to assess the degree of ecology of a particular building and, what is more important and useful, they provide a set of guidelines to follow and carry out true ecological architecture.

Below are listed the 39 indicators that I have personally identified, and enable ecological architecture to be

2. Vivienda social ecológica y bioclimática

2.1. Hacia una vivienda social ecológica y Bioclimática

En el capítulo anterior se han analizado los parámetros básicos que se deben tener en cuenta para realizar un diseño acertado para la vivienda social, con la finalidad de satisfacer las demandas básicas de sus ocupantes, y capaz de integrarlos en la estructura social de cada entorno. Solo resta analizar las características complementarias que las viviendas sociales deben tener, con la finalidad de integrarse al mayor nivel posible en el ecosistema natural, y por tanto, tener el menor consumo energético posible, generar la menor cantidad posible de residuos y de emisiones, y de optimizar al máximo el uso de recursos naturales y de recursos fabricados por el hombre.

El proceso para diseñar viviendas sociales ecológicas y bioclimáticas es el mismo que para diseñar cualquier tipo de vivienda o cualquier tipo de edificio. No obstante, dado el bajísimo presupuesto que debe utilizarse para estas actuaciones, se debe analizar minuciosamente todas y cada una de las acciones posibles, y solo utilizar las acciones más efectivas y las más económicas.

2.2. Diseño ecológico de viviendas sociales

Para lograr una arquitectura ecológica perfectamente integrada en el ecosistema natural, he creado, y perfeccionado durante más de 20 años, una metodología de diseño y de evaluación, basada en el cumplimiento de 6 pilares básicos, y de 39 indicadores ecológicos.

Los pilares básicos en los que se debe fundamentar la arquitectura ecológica son los siguientes:

1. Optimización de recursos. Naturales y artificiales
2. Disminución del consumo energético
3. Fomento de fuentes energéticas naturales
4. Disminución de residuos y emisiones
5. Aumento de la calidad de vida de los ocupantes de los edificios
6. Disminución del mantenimiento y coste de los edificios

El grado de consecución de cada uno de estos pilares básicos constituye, por tanto, el nivel de ecología de una construcción.

Como estos pilares básicos son muy generales y ambiguos, se hace necesario dividirlos en varias partes, de tal modo que sean diferentes entre sí, y al mismo tiempo, fáciles de identificar, de ejecutar, y de evaluar. Estas partes se deno-

achieved fully. Personally I have used them for over 20 years in my profession.

1. Resource Optimization. Natural and artificial
1.1. Level of use of natural resources
1.2. Level of use of durable materials
1.3. Level of use of recovered materials
1.4. Reusability of the used materials
1.5. Level of use of reusable materials
1.6. Repair capacity of the used materials
1.7. Level of use of recycled materials
1.8. Recyclability of materials used
1.9. Level of utilization of resources used

2. Reduction of energy consumption
2.1. Energy consumed in obtaining materials
2.2. Energy consumed in transporting materials
2.3. Energy consumed in transporting labor
2.4. Energy consumed in the process of construction of the building
2.5. Energy consumed by the building throughout its life
2.6. Level of technological suitability for the satisfaction of human needs
2.7. Energy efficiency of bioclimatic architectural design
2.8. Level of thermal inertia of the building
2.9. Energy consumed in the process of demolition or dismantling of the building

minarán "indicadores ecológicos", y pueden utilizarse para evaluar el grado de ecología de un determinado edificio, y lo que es más importante y útil, para proporcionar un conjunto de pautas a seguir para la consecución de una verdadera arquitectura ecológica.
A continuación se proporcionan los 39 indicadores ecológicos, que personalmente he identificado, que posibilitan la obtención de una verdadera arquitectura ecológica.

1. Optimización de recursos. Naturales y artificiales
1.1. Nivel de utilización de recursos naturales
1.2. Nivel de utilización de materiales duraderos
1.3. Nivel de utilización de materiales recuperados
1.4. Capacidad de reutilización de los materiales utilizados
1.5. Nivel de utilización de materiales reutilizables
1.6. Capacidad de reparación de los materiales utilizados
1.7. Nivel de utilización de materiales reciclados
1.8. Capacidad de reciclaje de los materiales utilizados
1.9. Nivel de aprovechamiento de los recursos utilizados

2. Disminución del consumo energético
2.1. Energía consumida en la obtención de materiales
2.2. Energía consumida en el transporte de materiales
2.3. Energía consumida en el transporte de la mano de obra
2.4. Energía consumida en el proceso de construcción del edificio
2.5. Energía consumida por el edificio a lo largo de su vida útil
2.6. Nivel de adecuación tecnológica para la satisfacción de necesidades humanas

3. Promotion of natural energy sources
3.1. Level of technological use with solar energy
3.2. Level of technological utilization based on geothermal energy
3.3. Level of technological use with renewable energies from the natural ecosystem

4. Reduction of waste and emissions
4.1. Level waste and emissions generated in the production of construction materials
4.2. Level waste and emissions in the construction process
4.3. Level waste and emissions in the building maintenance
4.4. Level waste and emissions generated in the demolition of buildings

5. Enhancing the quality of life of the occupants of the buildings
5.1. Emissions harmful to the natural ecosystem
5.2. Emissions harmful to our health
5.3. Number of diseases of building occupants
5.4. Satisfaction and well-being of building occupants

6. Reduced maintenance and cost of buildings
6.1. Level of consistency between the durability of materials and functional life cycle
6.2. Functional fitness of components
6.3. Resources consumed by the building in their daily activities
6.4. Energy consumed by the technological equipment of the building

2.7. Eficacia energética del diseño arquitectónico bioclimático
2.8. Nivel de inercia térmica del edificio
2.9. Energía consumida en el proceso de derribo o desmontaje del edificio

3. Fomento de fuentes energéticas naturales
3.1. Nivel de utilización tecnológica a base de energía solar
3.2. Nivel de utilización tecnológica a base de energía geotérmica
3.3. Nivel de utilización tecnológica a base de energías renovables por el ecosistema natural

4. Disminución de residuos y emisiones
4.1. Nivel de residuos y emisiones generadas en la obtención de materiales de construcción
4.2. Nivel de residuos y emisiones generadas en el proceso de construcción
4.3. Nivel de residuos y emisiones generadas en el mantenimiento de los edificios
4.4. Nivel de residuos y emisiones generadas en el derribo de los edificios

5. Aumento de la calidad de vida de los ocupantes de los edificios
5.1. Emisiones perjudiciales para el ecosistema natural
5.2. Emisiones perjudiciales para la nuestra salud
5.3. Numero de enfermedades de los ocupantes del edificio
5.4. Grado de satisfacción y bienestar de los ocupantes del edificio

6. Disminución del mantenimiento y coste de los edificios
6.1. Nivel de adecuación entre la durabilidad de los materiales y su ciclo de vida funcional
6.2. Adecuación funcional de los componentes
6.3. Recursos consumidos por el edificio en su actividad cotidiana
6.4. Energía consumida por el equipamiento tecnológico del edificio
6.5. Energía consumida en la accesibilidad al edificio
6.6. Energía residual consumida por el edificio cuando no está ocupado
6.7. Nivel de necesidad de mantenimiento en el edificio
6.8. Nivel de necesidad de tratamiento de emisiones y residuos generados por el edificio
6.9. Coste económico en la construcción del edificio
6.10. Entorno social y económico

Una verdadera arquitectura ecológica debe cumplir con la mayor cantidad posible de indicadores ecológicos. Aunque hay que tener en cuenta ciertas acotaciones.

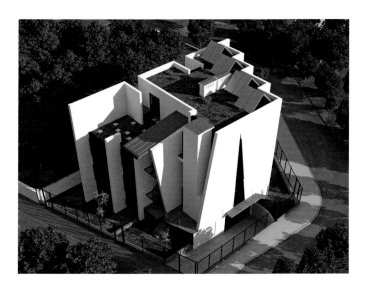

6.5. Energy consumed in the accessibility to the building

6.6. Residual energy consumed by the building when not in use

6.7. Level maintenance on the building

6.8. Level of need for treatment of emissions and waste generated by the building

6.9. Economic cost in the building

6.10. Social and economic environment

True ecological architecture must meet the widest possible set of ecological indicators, although, certain restrictions must be taken into account.

First, we must be aware of all indicators do not have the same relative value, so you need to use weightings. Similarly, many indicators are interrelated, so we must compromise, depending on the particular social and economic environment. Finally, each indicator is associated with different economic costs, therefore, we must empower those who are more effective and more affordable, and the most expensive and ineffective.

On the other hand we must bear in mind that each indicator uses a different unit of measurement, and some can be easily quantified, but not others. For example, some indicators such as "Energy consumed in obtaining materials" are easily quantified (any energy unit (eg mJoules / kg) as the known energy consumption in obtaining each material, and knows the amount of materials used). However, other indicators, such as "Residues and generated in obtaining supplies emissions" are much harder to quantify (alspo the amount of emissions and waste generated in the production of a material is not known precisely, and manufactur-

En primer lugar, hay que ser conscientes de todos los indicadores no tienen el mismo valor relativo, por lo que es necesario utilizar coeficientes correctores. Del mismo modo, muchos indicadores están relacionados entre sí, por lo que hay que llegar a un compromiso, dependiendo del entorno social y económico concreto. Por último, cada indicador está asociado a costes económicos diferentes, por lo tanto, hay que potenciar aquellos que son más efectivos y más económicos, sobre los más caros e ineficaces.

Por otro lado hay que tener en cuenta que cada indicador utiliza una unidad de medición diferente, y que algunos pueden ser fácilmente cuantificables, pero otros no. Por ejemplo, ciertos indicadores, como por ejemplo "Energía consumida en la obtención de materiales" son fáciles de cuantificar (en cualquier unidad energética (por ejemplo Mjulios/kg) ya que se conoce el consumo energético en la obtención de cada material, y se conoce la cantidad de materiales empleados). En cambio, otros indicadores, como por ejemplo "Nivel de residuos y emisiones generadas en la obtención de materiales de construcción", son mucho más difíciles de cuantificar (ya que no se conoce con precisión la cantidad de emisiones y de residuos generados en la obtención de un material, y además las empresas fabricantes suelen manipular este dato). Por otro lado, otros indicadores no pueden cuantificarse en modo alguno, como por ejemplo "Grado de satisfacción y bienestar de los ocupantes del edificio".

Por todo ello se debe establecer un sistema sencillo de cuantificación general, que sea válido para todos los indicadores. Además, hay que recordar que los indicadores de-

ers tend to manipulate this data). On the other hand, other indicators cannot be quantified in any way, such as "Degree of satisfaction and well-being of building occupants."

Therefore you must establish a simple system of general quantification, valid for all indicators. Also, remember that indicators should be very easy to perceive and quantify. In fact, anyone should be able to do so without being a specialist. To illustrate the concept I would like to give an example. In the city of Seattle in the United States, some years ago a set of indicators was identified to measure the effectiveness of the city's environmental policy. However, when choosing an indicator to measure the degree of environmental degradation of rivers in Seattle, a complex meter was not chosen, as could have been done by measuring "amount of heavy metals" or "degree of eutrophication" or "content chemical substance ", or similar. No, instead the indicator chosen was "level of movement of Salmon in River". That is, if a lot of movement of salmon is observed, it is a clear indication that the health of the river is good; but if little movement is observed there is something wrong with it. Once the case the causes of environmental degradation should be identified, performing complex measurements (number of metals, chemicals, etc.), and then remedy the situation by establishing policies most appropriate to action. The example makes the concept perfectly clear: indicators should be very simple and very easy to quantify.

Therefore I have defined a simple numerical evaluation system for each indicator:

ben ser muy fáciles de percibir y de cuantificar. De hecho, cualquier persona debería poder hacerlo, sin ser especialista. Para ilustrar el concepto me gustaría poner un ejemplo. En la ciudad de Seattle en Estados Unidos, se identificaron hace ya algunos años un conjunto de indicadores para medir el grado de eficacia de su política medioambiental. Pues bien, a la hora de elegir un indicador para medir el grado de deterioro medioambiental de los ríos de Seattle, no se eligió un medidor complejo, como podría ser "cantidad de metales pesados", o "grado de eutrofización", o "contenido de sustancias químicas", o similar. No, en su lugar el indicador elegido fue: "nivel de movimiento de los salmones del río". Es decir, si se observa mucho movimiento de salmones, es un claro indicio de que la salud del rio es buena; pero si se observa poco movimiento, es que el río va mal. Sólo en este caso es cuando deben identificarse las causas del deterioro medioambiental, realizando mediciones complejas (cantidad de metales, sustancias químicas, etc.), y posteriormente, poner remedio a la situación estableciendo las políticas de actuación más adecuadas. El ejemplo deja el concepto perfectamente claro: los indicadores deben ser muy sencillos y muy fáciles de cuantificar.

Por ello he definido un sistema sencillo de evaluación numérica para cada indicador:

0: zero level
1: very low
2: low level
3: average level
4: high level
5: very high level

With this simple system any architect can quantify each indicator on his or her own, and thus obtain an exact numerical result of the "ecological level" of a given material, a given building system, a certain action, or an entire building.
Finally a weighted arithmetic mean is obtained as a numerical value. This value will scale from "0" to "5", so to get a decimal scale (from "0" to "10") simply multiply the result by two.
For example, in view of the above table, anyone could evaluate the "energy consumed in obtaining materials" indicator. For example, for reinforced concrete value would be "1" (high), for serious ceramic "2" (low), so glass would be "3" (middle), and aluminum (worst building material by far) the value would be "5".
The ecological indicators provide accurate and weighted values for all the features that ecological architecture must have. However, actions and indicators are not directly adoptable to specific architectural strategies in daily professional activities of architects, as they provide information on "what to do" but not on "how to do".
Therefore, from the ecological indicators, a set of concrete actions should be established which are directly applicable in the daily professional work of architects. Thus, depending on their level of training and experience, every architect can identify a set of specific design strategies, and may channel and filter all their decisions, considering these measures.
Obviously every architect can have their own vision of architecture, however different design strategies to use and different decisions to be taken will have a lesser or great-

0: nivel cero
1: nivel muy bajo
2: nivel bajo
3: nivel medio
4: nivel alto
5: nivel muy alto

Con este sencillo sistema cualquier arquitecto puede cuantificar por sí mismo cada indicador, y obtener así un resultado numérico exacto sobre el "nivel ecológico" de un determinado material, un determinado sistema constructivo, una determinada acción, o un edifico completo.
Al final se obtendrá una media aritmética ponderada en forma de un valor numérico. Este valor tendrá una escala de "0" a "5", por lo que para obtener una escala decimal (de "0" a "10") simplemente se debe multiplicar por dos el resultado obtenido.
Por ejemplo, en vista de la tabla anterior, cualquier persona podría evaluar el indicador "Energía consumida en la obtención de materiales". Por ejemplo, para el hormigón armado su valor sería "1" (muy bajo), para la cerámica seria "2" (bajo), para el vidrio sería "3" (medio), y para el aluminio (el peor material de construcción con diferencia) el valor sería "5".
Los indicadores ecológicos proporcionan información precisa y ponderada sobre todas las características que debe tener una verdadera arquitectura ecológica. Sin embargo, los indicadores no constituyen acciones y estrategias arquitectónicas concretas, directamente adoptables en la actividad profesional cotidiana de los arquitectos, ya que proporcionan información de "lo que se debe hacer", pero no sobre "cómo se debe hacer".
Por ello, a partir de los indicadores ecológicos, se deben establecer un conjunto de acciones concretas de aplicación directa en el quehacer profesional diario de los arquitectos. De este modo, y dependiendo de su nivel de formación y ex-

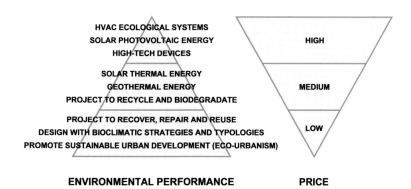

HVAC ECOLOGICAL SYSTEMS
SOLAR PHOTOVOLTAIC ENERGY
HIGH-TECH DEVICES

HIGH

SOLAR THERMAL ENERGY
GEOTHERMAL ENERGY
PROJECT TO RECYCLE AND BIODEGRADATE

MEDIUM

PROJECT TO RECOVER, REPAIR AND REUSE
DESIGN WITH BIOCLIMATIC STRATEGIES AND TYPOLOGIES
PROMOTE SUSTAINABLE URBAN DEVELOPMENT (ECO-URBANISM)

LOW

ENVIRONMENTAL PERFORMANCE   PRICE

er environmental efficiency, and lower or higher cost. The economic cost is a well-known factor, and to calculate the environmental efficiency of each strategy, action or decision simply will be evaluated by means of the 39 ecological indicators identified above.

Obviously, if the goal is to carry out ecological architecture at the lowest possible economic cost first architectural most economical and most environmentally effective actions should be taken, and the most expensive and less environmental efficiency actions should be avoided.

As a result of the foregoing, it is possible to establish a set of architectural actions, ordered by their degree of effectiveness, while classified by its cost.

Do not forget that the ultimate goal is to achieve architecture with the maximum environmental efficiency and the lowest possible price. However, money available for the construction of a particular building is always limited, and may in some cases not be enough to implement all sustainable actions. Therefore it must follow an upward and incremental strategy.

Therefore, in order to achieve a compositional strategy as effective as possible at the lowest possible price, in 2003 I conducted an exhaustive study and comparative classification of all possible architectural actions, and got some surprising results.

It turned out that, in general the most effective actions from an environmental point of view, are the cheapest ones, and in turn, the less effective actions, are the most expensive. There were virtually no exceptions to this rule, which I named as Model of the Inverted Pyramid.

According to this model, in any case, an upward and sequential strategy should be followed, according to which,

periencia, cada arquitecto puede identificar un conjunto de estrategias concretas de diseño, y puede encauzar y filtrar todas sus decisiones, teniendo en cuenta los indicadores.

Es evidente que cada arquitecto puede tener su propia visión de la arquitectura, sin embargo las diferentes estrategias de diseño que utilice y las diferentes decisiones que pueda adoptar tendrán una menor o mayor eficacia medioambiental, y un menor o mayor coste económico. El coste económico es un factor sobradamente conocido, y para calcular la eficacia medioambiental de cada estrategia, acción o decisión, simplemente se evaluará por medio de los 39 indicadores ecológicos antes identificados.

Evidentemente, si el objetivo es realizar una arquitectura ecológica al menor coste económico posible en primer lugar deben ejecutarse las acciones arquitectónicas mas económicas y con mayor eficacia medioambiental, y deben evitarse las acciones más costosas y con menor eficacia medioambiental.

Como resultado de todo lo expuesto, es posible establecer un conjunto de acciones arquitectónicas, ya ordenadas por su grado de eficacia, y al mismo tiempo, clasificadas por su coste económico.

No se debe olvidar que el objetivo final es lograr un tipo de arquitectura con la mayor eficacia medioambiental posible, y el menor precio posible. Sin embargo, el dinero disponible para la construcción de un determinado edificio es siempre limitado, y puede que en algunos casos, no sea suficiente como para aplicar todas las acciones sostenibles. Por ello se debe seguir una estrategia ascendente e incremental.

Por ello, y con el fin de lograr una estrategia compositiva lo más eficaz posible, al menor precio posible, en el año 2003 realicé un estudio exhaustivo y una clasificación comparativa de todas las posibles acciones arquitectónicas, y obtuve unos resultados sorprendentes.

Resultó que, en general, las acciones más eficaces desde un punto de vista medioambiental, son las más económicas, y a su vez, las acciones menos eficaces, son las más caras. Prácticamente no había excepciones a esta regla, a la cual denominé como Modelo de las Pirámides Invertidas. Según este modelo, y en cualquier caso, se debe seguir una estrategia ascendente y secuencial, según la cual, las primeras acciones que se deben ejecutar son aquellas de menor coste y de mayor eficacia medioambiental. Y las últimas que deben tomarse son aquellas de mayor coste y de menor eficacia medioambiental. Estas últimas solo están justificadas en casos muy excepcionales, y no se adoptarán hasta que no se hayan adoptado exhaustivamente todas las anteriores, ya que en otro caso, se está reduciendo drásticamente el grado de "sostenibilidad" de un edificio, y al

the first actions to be executed are those of lower cost and greater environmental efficiency. And the last steps to be taken are those of higher cost and less environmental performance. The latter are justified only in very exceptional cases, and are not to be adopted until the previous ones have been fully implemented, given that they are drastically reducing the sustainability of a building and generating unjustified additional costs.

The most expensive and less effective architectural actions should only be taken in buildings for which you have a sufficient budget: symbolic buildings, representative buildings, or exemplary buildings, which are intended to obtain the highest possible degree of sustainability.

As a result of this study, and for the specific case of ecological design of social housing only the most effective actions should be carried out from an ecological point of view, which in turn are the most economical.

Therefore, here is a non-exhaustive list of these actions. Of course this list is far from exhaustive, and should be modified as appropriate for each particular environment. Also, other complementary actions can be carried out, but not before adopting the ones listed.

1. Reassess human and social needs

A common mistake in most social housing proposal is that the needs of people that will occupy the houses are not known. In many occasions, the authorities nor the promoters have made the least amount of effort to contact with end users in order to exchange ideas.

This is case of the social housing M-30 in Madrid, designed by Saez de Oiza, which represents one of the biggest architectural failures. It is also the case continued social housing alternatives offered, almost continuously, to the inhabitants of the favela Dona Marta in Rio de Janeiro, and many others.

mismo tiempo, generando un sobrecoste injustificado.

Las acciones arquitectónicas más caras y menos eficaces sólo se deberían adoptar en edificios para los que se disponga de un presupuesto suficiente: edificios simbólicos, edificios representativos, o edificios modélicos, en los que se pretenda obtener el mayor grado de sostenibilidad posible.

Como resultado de este estudio, y para el caso concreto del diseño ecológico de viviendas sociales, deben ejecutarse únicamente las acciones más eficaces desde un punto de vista ecológico, que a su vez son las más económicas.

Por ello, a continuación se proporciona un listado, no exhaustivo, de estas acciones. Por supuesto este listado no es ni mucho menos exhaustivo, y debe modificarse de forma adecuada para cada entorno concreto. Por otro lado, podrían tomarse otro tipo de acciones complementarias, pero no sin antes haber adoptado estas.

1.Reevaluar las necesidades humanas y sociales

Un error frecuente en la mayoría de las propuesta de vivienda social es que sencillamente no se conocen las necesidades de las personas a las cuales supuestamente van destinadas las viviendas. En muchas otras ocasiones, ni las autoridades competentes ni los promotores han hecho un esfuerzo mínimo por contactar con los usuarios finales con la finalidad de intercambiar ideas. Este es el caso por ejemplo de las viviendas sociales de la M-30 en Madrid, que supusieron uno de los mayores fracasos arquitectónicos. También es el caso continuado de las alternativas de vivienda social que se ofrecen, casi de forma continuada, a los moradores de la favela Dona Marta de Rio de Janeiro, y de tantas otras.

The first action to be undertaken when making the environmental design of social housing is to educate its future residents, offering not a house, but a way of life. Future users, just as management and developers, should make an effort to adapt new habits, and try to sustain a greener way of life.

2. Projecting an ecological urban planning (eco-urbanism)
It is the most effective and economic action that can be performed, because it allows buildings to have the greatest ecological level, at the lowest possible price. For example, if good urban planning is made, one that considers the characteristics required of buildings that can regulate themselves thermally without technological artifacts, will subsequently allow the design of the buildings to be done with very high energy efficiency. In contrast with poor urban planning, the subsequent design of the buildings will be more complicated, and its construction less effective, less ecologic and more expensive.
Therefore the first basic rule is that the building always run along the north-south axis, and the east-west axis, forming elongated rectangular blocks with the north and south facades with larger than this and west facades.
Further studies should be performed to observe possible shade that buildings can provide for others, increasing or decreasing occurrence, depending on the weather of the place. Finally, urban planning of cities basic parameters of essential urban planning should be established, such as:

1. Form Factor of buildings.
2. Type mandatory public spaces (to protect pedestrians from the sun, rain, snow)
3. Type of trees and plant species included in urban planning.

La primera acción que debe acometerse a la hora de hacer el diseño ecológico de viviendas sociales es educar a sus futuros moradores, ofreciéndoles no una vivienda, sino un modo de vida. Los futuros usuarios, al igual que la administración y los promotores, deben hacer un esfuerzo para readaptar sus costumbres, e intentar llevar un modo de vida más ecológico.

2. Proyectar una ordenación urbana ecológica (eco-urbanismo)
Es la acción más eficaz y más económica que puede realizar cualquier arquitecto, ya que permite que las construcciones que se vayan a realizar puedan tener el mayor nivel ecológico posible, al menor precio posible. Por ejemplo, si se realiza un buen planeamiento urbano, pensando en las características que deben tener los edificios para que puedan autorregularse térmicamente sin necesidad de artefactos tecnológicos, posteriormente se podrán diseñar edificios de muy alta eficiencia energética. En cambio con un mal planeamiento urbano, el posterior diseño de los edificios será más complicado, y su construcción menos eficaz, menos ecológica y más cara.
Por tanto la primera regla básica es que los viales siempre discurran a lo largo del eje norte-sur, y del eje este-oeste, formando manzanas rectangulares y alargadas con las fachadas norte y sur con mayor dimensión que las fachadas este y oeste.
Además se debe realizar unos estudios de la sombra que unos edificios puedan proporcionar sobre otros, aumentando su incidencia o disminuyéndola, según sea la climatología del lugar. Por último, en la ordenación urbana de las ciudades deben establecerse parámetros básicos de ordenación urbana esenciales, tales como:

1. Factor de forma de los edificios.
2. Tipo obligatorios de espacios públicos (para proteger del sol, de la lluvia, de la nieve...a los viandantes)
3. Tipo de arboles y especies vegetales a incluir en la planificación urbana.
4. Aumento de la densidad de los edificios
5. Tipologías bioclimáticas permitidas y tipologías no permitidas
6. Sistemas de recogida y tratamiento municipal de agua de lluvia
7. Sistemas de recogida y reciclaje municipal de aguas grises
8. Tipos de pavimentos filtrantes
9. Tipos de pavimentos no acumuladores de la radiación solar
10. Espacios públicos sombreados y protegidos, etc... etc...

4. Increased density of buildings

5. Bioclimatic typologies allowed and not allowed

6. Municipal rainwater treatment

7. Municipal gray water recycling

8. Types of filter pavements

9. Pavement types which do not accumulate solar radiation

10. Public spaces shaded and protected, etc ... etc ...

3. Prohibit building on farmland

Reduce the available land area for fertile crops is one of the worst mistakes that can be carried out as the possibility of sustaining the human race decreases, bearing in mind the need to return to an agricultural society, after the inevitable environmental disasters ever more important in coming years.

One of the worst most shameful examples in this regard is certainly the case with "Sociopolis" in the neighborhood of La Torre, in Valencia. In order to build a poor "economic" housing complex, a huge area of extraordinarily fertile farmland was destroyed (nothing more and nothing less than the southern orchards of Valencia). This "polis", ten years later, in 2015, is a set of poor quality substandard housing blocks within a deserted area, in the middle of nowhere, with few possible solutions.

4. Promote the internal recycling of cities and prevent expansion

The increased area of the cities while leaving un-built areas in their interior is one of the greatest dangers, not only because of the stated in the previous section, but because it substantially increases the need for resources and energy, growth of diseconomies of scale, and increases economic burden on citizens. Therefore, first of all available internal areas must be built on, and the administration should pro-

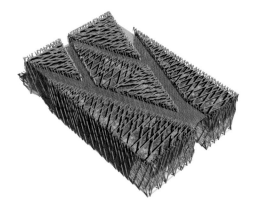

3. No permitir la edificación en tierras de cultivo

Reducir la superficie disponible de tierras de cultivo fértil es uno de los peores errores que pueden cometerse ya que se disminuye la posibilidad de sustento de la raza humana, teniendo en cuenta además que, después de los inevitables desastres medioambientales cada vez más importantes en los próximos años, se tenga la necesidad de volver a una sociedad eminentemente agrícola.

Uno de los peores ejemplos más bochornosos en este sentido es sin duda el caso de "Sociopolis", en el barrio de la Torre, en Valencia. Para construir otra de tantas zonas residenciales de viviendas "económicas" se ha destrozado una enorme superficie de tierra de cultivo y extraordinariamente fértil (nada más y nada menos que la huerta sur de Valencia). La "polis", diez años después, en el 2015, ha quedado en cuatro bloques cutres de viviendas precarias, dentro de un socarral, en medio de la nada, con pocas posibilidades de solución.

4. Promover el reciclaje interno de las ciudades y evitar su expansión

El aumento del área de las ciudades dejando zonas no edificadas en su interior es uno de los mayores peligros no solo por lo expuesto en el apartado anterior, sino porque se incrementa sustancialmente la necesidad de recursos y energía, crecen las diseconomías de escala, y aumenta la carga económica a los ciudadanos. Por tanto, antes que nada debe edificarse en las zonas internas disponibles, por lo que la administración debería de disponer todo tipo de medidas que lo permitan, evitando la especulación y el elevado precio del suelo en zonas no edificadas de la ciudad. Aumentar los impuestos de bienes inmuebles, y las cesiones obligatorias del aprovechamiento medio urbanístico pueden ser dos medidas eficaces, disminuyendo a su vez, las zonas edificables en la periferia de la ciudad, y su posibilidad futura, creando zonas verdes perimetrales permanentes.

5. Promover la edificación en altura y la compactación de la ciudad

La tipología más ecológica de una ciudad es la que permite una adecuada densidad y compactación, y al mismo tiempo alberga en su interior una cantidad adecuada de zonas verdes y zonas de cultivo. La compactación de la ciudad permite que cada ciudadano tenga la menor carga económica posible para hacer frente al equipamiento comunitario y a las infraestructuras necesarias. De este modo, las ciudades resultan más económicas, mas ecológicas, y con un mantenimiento más eficaz. De hecho las ciudades latinoameri-

canas, de gran superficie, tienen peores infraestructuras y equipamientos, mas deficientes, obsoletos y con un mantenimiento continuado y terriblemente costoso. Sin duda, esta tipología de ciudad es la mayor lacra que los países latinoamericanos tienen para su desarrollo económico y social. Del mismo modo, las actuaciones de vivienda social deben realizarse en el interior de las ciudades, por las mismas razones.

Debido a una legislación histriónica, en las ciudades americanas se permite la construcción prácticamente en cualquier lugar, una vez negociada su posibilidad con los ayuntamientos. Por este motivo los promotores eligen zonas cada vez más lejanas para construir, buscando precios de suelo rústico cada vez más bajos. Más tarde, una vez construida el área de viviendas sociales, los promotores se dan cuenta de que han debido de pagar una enorme cantidad de dinero para construir viales, equipamientos e infraestructuras, por lo que el precio del suelo les ha resultado muy similar al precio que deberían de haber pagado si hubieran construido en el interior de la ciudad. Apenas han ahorrado nada, pero el impacto negativo para la ecología y

mote and make available measures of all kinds that permit this, thus, avoiding speculation and high land prices in non built-up areas of the city. Increasing property taxes and mandatory cessions of urban exploitation could be two effective measures, in turn reducing the buildable zones on the outskirts of the city and their future potential, creating permanent perimeter greenery.

5. Promote building height and city density
The greenest city typology is one that allows an adequate density and compaction, while its houses have an adequate amount of green areas and farmland. Compacting cities allows every citizen to have the least economic burden to access community facilities and the necessary infrastructure. Thus, cities are more economical, more ecological and more efficient to maintain. In fact Latin American cities that expand over a large area, have poorer infrastructure and equipment, more deficiencies, are outdated and require extremely costly ongoing maintenance. Surely this type of city is the greatest scourge that Latin American countries face for their economic and social development. Similarly,

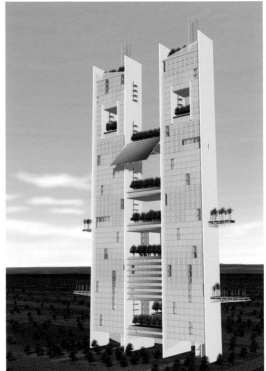

the actions of social housing should be made in the inner cities, for the same reasons.

Due to a histrionic legislation in American cities construction allows virtually anywhere, once negotiated their ability to municipalities. For this reason the developers are increasingly choosing remote areas to build, looking for ever lower rural land prices. Once built the area of social housing, developers realize they have had to pay a huge amount of money to build roads, facilities and infrastructure, so in the end the price of land turns out to be very similar to the price they would have paid if they had built in the inner city. While developers hardly save on costs, the negative impact on the ecology and economy of the city is huge, and whose consequences we end up paying for as a whole.

6. Encourage walking and cycling

The design of the actions of social housing should make it so most of its inhabitants do not use a car and move by walking and cycling, just as much within the designed area as throughout the rest of the city. By taking these steps a decrease in energy consumption, resource consumption, and the generation of emissions and waste is noted, yet another reason to build social housing complexes in the inner cities, and thereby compacting properly.

7. Minimize paving

Overbuilding has been common practice in the last century, with the simple aim of reducing the maintenance of public places and private gardens. This practice has been likened to both uneducated politicians, as uneducated architects. As a result, cities have fallen to its maximum capacity filtration of rainwater, creating huge problems with rainwater flows, eroding the city every time it rains, flooding and causing huge economic disruption, while intercepting the natural water cycle, creating major secondary problems yet (lowering the water table, excessive evaporation, desertification, etc ...). Therefore social housing performances should minimize the paved surface (which simultaneously reduce construction costs).

8. Encourage self-sufficiency in food

The actions of social housing can be compacted into tall buildings and therefore vacate large undeveloped areas that can be devoted to the cultivation of staple foods for the community, and thus can generate local jobs. In the coming new agricultural era these growing areas could be essential to ensure the survival of some people.

la economía de la ciudad es enorme, y cuyas consecuencias debemos pagarlas entre todos.

6. Fomentar los desplazamientos a pié y en bicicleta

El diseño de las actuaciones de vivienda social debería facilitar al máximo que sus habitantes no utilizaran el automóvil y se desplazaran a pie y en bicicleta, tanto en el interior del conjunto, como en sus desplazamientos a la ciudad. De este modo el disminuiría al máximo el consumo energético, el consumo de recursos, y la generación de emisiones y de residuos. Otra razón para construir soluciones de vivienda social en el interior de las ciudades, y de este modo compactarlas adecuadamente.

7. Reducir al máximo la pavimentación

La pavimentación excesiva ha sido una práctica habitual en el último siglo, con la simple finalidad de reducir el mantenimiento de los lugares públicos, y de las zonas verdes privadas. Esta práctica ha gustado por igual tanto a políticos incultos, como a arquitectos incultos. Como resultado las ciudades han disminuido al máximo su capacidad de filtración de aguas de lluvia, creando enormes problemas de corrientes de aguas de lluvia, que erosionan la ciudad cada vez que llueve, inundándola y causando enormes trastornos económicos, al mismo tiempo que interceptan el ciclo natural del agua, creando problemas secundarios más importantes todavía (bajada del nivel freático, evaporación excesiva, desertificación, etc...). Por tanto las actuaciones de vivienda social deberían reducir al máximo la superficie pavimentada (lo que al mismo tiempo reduciría s coste de construcción).

8. Fomentar la autosuficiencia de alimentos

Las actuaciones de vivienda social pueden compactarse en edificios en altura y por tanto dejar libre amplias zonas sin edificar, que pueden destinarse al cultivo de alimentos básicos para la comunidad, y por tanto pueden generarse

9. Encourage self-sufficiency in energy

Proper education allows citizens to change their customs and habits, and thus can consume a lot less energy that is currently squandered. This premise is even more important in the case of the occupants of social housing. Thus, minimizing the energy required, and building bioclimatic buildings capable of thermally self-regulation in buildings of social housing a small set of generators of photovoltaic solar energy can be incorporated, in order to extend the maximum energy self-sufficiency of the whole, and thus ensure their livelihood. This equipment only represents a small increase in the total cost of social housing, if done on a large building scale.

10. Encourage self-sufficiency in water

Along with energy and basic foods, the most important factor of social control is access to water. Clean, healthy water is increasingly expensive and scarce, so it is the first thing that should be ensured in social housing community. Using rainwater and groundwater, and recycling gray water will be something increasingly necessary to ensure the independence and livelihood of any community. This equipment

puestos de trabajo locales. En la nueva era agrícola que está por llegar estas zonas de cultivo pueden ser esenciales para asegurar la subsistencia de algunas personas.

9. Fomentar la autosuficiencia de energía

Una buena educación permite que los ciudadanos cambien sus costumbres y sus hábitos de consumo, y de este modo pueden consumir muchísima menos energía de la que actualmente están acostumbrados a despilfarrar. Esta premisa es todavía más importante para el caso de los ocupantes de viviendas sociales. De este modo, reduciendo al máximo la energía necesaria, y construyendo edificios bioclimáticos capaces de autorregularse térmicamente por sí mismos, en los edificios de vivienda social se pueden incorporar un pequeño conjunto de generadores de energía solar fotovoltaica, con la finalidad de ampliar al máximo la autosuficiencia energética del conjunto, y por tanto garantizar su subsistencia. Este equipamiento apenas supone un incremento sustancial en el coste total del conjunto de viviendas sociales, si el número a construir es elevado.

10. Fomentar la autosuficiencia de agua

Junto con la energía y los alimentos básicos, el factor más

only represents a small increase in the total cost of social housing, if done on a large building scale.

11. Project to maximize the lifecycle of buildings
Certainly, maximizing the durability of a building is the greenest action that can be taken given that, no matter the energy needed for construction, which includes the use of resources and the generation of emissions ... it is divided by the number of days, and the daily environmental impact is obtained. Therefore, more durability equals reduced environmental impact. That means that the first action to build ecological social housing is to choose a construction system that ensures high durability. Definitely the best system by far over others is to build using precast concrete, assembled on site, so that each piece can be recovered, repaired and reused. This prefabricated system is usually 5 to 10% cheaper than conventional building systems used for large-scale housings.

12. Design with bioclimatic typologies
Designing a building with the highest level of thermal self-regulation is no more expensive than designing any other building, given that it is simply a question of the architect self-restricting their compositional freedom, while using the same budget, the same materials, the same surfaces and the same compositional elements. In the case of social housing, the architect must sharpen their creative abilities even more so to create new architectural typologies, new clusters of housing, new architectural structures so that the resulting building has a design that in winter, or in cold climates, the same building, stores heat, using solar

importante de control social es el acceso al agua. El agua potable y sana cada vez será más cara y más escasa, por lo que es lo primero que debe asegurarse en una comunidad de vivienda social. Utilizar las aguas de lluvia y las aguas subterráneas, y reciclar las aguas grises será algo cada vez más necesario para asegurar la independencia y la subsistencia de cualquier comunidad. Este equipamiento apenas supone un incremento sustancial en el coste total del conjunto de viviendas sociales, si el número a construir es elevado.

11. Proyectar para ampliar al máximo el ciclo de vida de los edificios
Sin duda, ampliar al máximo la durabilidad de un edificio es la acción más ecológica que se puede tomar, ya que, sea el que sea el consumo energético necesitado en su construcción, así como el uso de recursos y la generación de emisiones...dividido por el numero días, se obtiene el impacto medioambiental diario. Por tanto, a mayor durabilidad, menor impacto medioambiental. Eso significa que la primera acción para construir viviendas sociales ecológicas es elegir un sistema constructivo que asegura una altísima durabilidad. Sin duda el mejor sistema, con mucha diferencia sobre los demás, es construir a base de elementos prefabricados de hormigón, ensamblados en obra, de tal modo que cada pieza se pueda recuperar, reparar y reutilizar. Este sistema prefabricado suele ser un 5 – 10% más económico que un sistema convencional al construir una elevada cantidad de viviendas.

12. Proyectar con tipologías bioclimáticas
Diseñar un edificio con el máximo nivel de autorregulación térmica posible no es más caro que diseñar un edificio cualquiera, ya que se trata simplemente de que el arquitecto auto-restrinja su libertad compositiva, teniendo en cuenta el mismo presupuesto, los mismos materiales, las mismas superficies y los mismos elementos compositivos. Para el caso de viviendas sociales, el arquitecto debe agudizar todavía más su ingenio y así poder crear nuevas tipologías arquitectónicas, nuevas agrupaciones de vivienda, nuevas estructuras arquitectónicas con el fin de que el edificio resultante tenga un diseño tal que en invierno, o en climas fríos, el edificio tienda a calentarse por si mismo, utilizando la radiación solar, la inercia térmica y la temperatura homogénea del subsuelo. Del mismo modo, en verano, o en climas cálidos, el edificio tienda a refrescarse por sí mismo, sacando ventaja de la caída de temperaturas nocturnas, la inercia térmica y la temperatura homogénea del subsuelo. Todo ello sin incremento del presupuesto disponible.

radiation, thermal inertia and homogeneous underground temperature. Similarly, in summer or in warm climates, the building tends to cool itself, taking advantage of falling night temperatures, thermal inertia and homogeneous temperature underground. All this is done without increasing the available budget.

13. Use the least amount of artifacts and technological devices

If the building is designed properly, there is no need to incorporate heating devices or cooling devices, in order to ensure the welfare of its occupants. In extreme cases the need for heating apparatus cannot be avoided, in this case the objective is to reduce the power used by such devices and therefore, its overall price. Similarly, if the building has been designed correctly, it will not need artificial lighting during the day. Finally, if the future user is properly educated (The first and most fundamental point), this will avoid one surrounding oneself with useless appliances and anti-ecological (electric toothbrushes, ovens, yoghurt makers, cutting machines, electrical can openers ... and much more junk of the likes).

14. Project to recover, repair and reuse

In order to maximize its life cycle, and in order to minimize environmental impact, buildings should be constructed from easily assembled parts, and be easily recoverable, with the purpose to be repairable and reusable. Detachable precast concrete systems are best option because they lower the cost of conventional construction systems, and simultaneously provide the necessary thermal inertia needed to self-regulate heat.

13. Utilizar la menor cantidad posible de artefactos y dispositivos tecnológicos

Si el edificio se ha diseñado correctamente, no tendrá necesidad de incorporar artefactos de calefacción, ni artefactos de enfriamiento, con la finalidad de garantizar el bienestar de sus ocupantes. En casos extremos no se podrá evitar la necesidad de aparatos de calefacción, y entonces el objetivo será reducir la potencia de los mismos, y su precio. Del mismo modo, y si el edificio se ha diseñado correctamente, durante el día no se tendrá necesidad de artefactos de iluminación artificial. Por último, si se educa adecuadamente al futuro usuario (punto primero y fundamental), éste evitará rodearse de electrodomésticos inútiles y anti-ecológicos (cepillo de dientes eléctrico, horno, yogurteras, maquinas de cortar, abrelatas eléctricos...y tanta chatarra cara similar).

14. Proyectar para recuperar, reparar y reutilizar

Con la finalidad de aumentar al máximo su ciclo de vida, y con la finalidad de reducir al máximo su impacto medioambiental, los edificios deben construirse a base de piezas fácilmente ensamblables, y fácilmente recuperables, con la finalidad de poder ser reparables y reutilizables. Los sistemas prefabricados de hormigón desmontables son la mejor opción, porque abaratan el coste convencional de construcción, y al mismo tiempo ofrecen la inercia térmica necesaria para que puedan autorregularse térmicamente.

15. Proyectar para reducir residuos

Si todos los elementos de un edificio son reparables y reutilizables (ya sea en el mismo edificio o en otro), no se generará residuo alguno.

16. Proyectar para industrializar

Las componentes arquitectónicos para construir edificios ecológicos de viviendas sociales deben estar realizados en fábrica con la finalidad de aprovechar al máximo la energía y los recursos disponibles, y con la finalidad de reducir al máximo la generación de residuos y de emisiones. Por tanto, a mayor nivel de industrialización, mayor nivel de ecología y menor precio. Pero el arquitecto debe realizar un mayor trabajo para hacer el trabajo que le es supuesto por la sociedad, diseñando todas las componentes del edificio, uno a uno.

17. Utilizar mano de obra y materiales locales

Utilizar mano de obra y materiales locales implica la disminución máxima del consumo energético en el transporte de los obreros y de los materiales.

15. Project to Reduce Waste
If all elements of a building are serviceable and reusable (whether in the same building or in another), there is no waste generated.

16. Project to prefab
The architectural components to build green building social housing should be made at the factory in order to maximize energy and resources, and in order to minimize the generation of waste and emissions. Resulting in a high level of industrialization, high level of ecology and low price. The architect must do more work to do the job supposed of him or her by society, designing each and every building component, piece by piece.

17. Use labor and local materials
Using local labor and materials results in the maximum decrease in energy consumption in transport workers and materials.

18. Develop construction with high thermal inertia
The only way to achieve buildings capable of thermally regulating itself, day and night, every day of the year, is to maximize its thermal inertia. Buildings must therefore be very heavy (and at the same time must be detachable). An increase in mass does not increase energy consumption nor increase cost of construction. For example, concrete requires three times less energy than wood, 4 times less than ceramic, 17 times less than iron .... Furthermore, its mass, and hence the thermal inertia can be increased by adding materials such as simple gravel, sand, ... or even using the waste generated in the construction process.

2.3. Bioclimatic design

Human beings have a significant capacity for thermal self-regulation, and therefore can survive in very cold environments, and in hot environments. The human body changes its physiological activity to face the cold (slows the blood flow and thickens blood, the body moves superficial blood vessels to the inside, it stimulates automatic movement, induces increased food intake, energy reserves are more easily diluted within the body, ...) and to edure the heat (accelerates blood flow and thins blood, it moves blood vessels to the surface of the skin, stimulates rest, slows the physiological and metabolic activity, promotes sweating to stimulate evaporation and lowers body temperature, ...). Thus, humans can survive in an environment of 50 °C, protecting your brain which dies if the temperature reaches 41 °C.

18. Fomentar la construcción con alta inercia térmica
El único modo de lograr edificios capaces de autorregularse térmicamente, de día y de noche, todos los días del año, es aumentar al máximo su inercia térmica. Por tanto los edificios deben ser muy pesados (y al mismo tiempo deben ser desmontables). Un aumento de masa no implica un aumento del consumo energético, ni un aumento del precio de construcción. Por ejemplo, el hormigón requiere tres veces menos energía que la madera, 4 veces menos que la cerámica, 17 veces menos que el hierro.... Además, la masa, y por tanto la inercia térmica, se puede incrementar añadiendo materiales sencillos tales como grava o arena,... e incluso los propios residuos generados en el proceso de construcción.

2.3. Diseño Bioclimático de viviendas sociales

El ser humano tiene una importante capacidad de autorregulación térmica, y por ello puede sobrevivir en entornos muy fríos, y en entornos muy cálidos. El cuerpo humano altera su actividad fisiológica para enfrentarse al frio (reduce la velocidad del flujo sanguíneo y lo espesa, traslada al interior del cuerpo los vasos sanguíneos más superficiales, estimula una actividad física automática, induce a la mayor ingesta de alimentos, diluye con mayor facilidad las reservas energéticas del cuerpo, ...), y para enfrentarse al calor (acelera y fluidifica el flujo sanguíneo, traslada a la superficie de la piel los vasos sanguíneos, estimula el reposo, ralentiza la actividad fisiológica y metabólica, fomenta la sudoración para estimular la evaporación y bajar la temperatura corporal,...). De este modo, por ejemplo, el humano puede sobrevivir en un entorno de 50 °C, protegiendo su cerebro que muere de forma automática si su temperatura alcanza los 41 °C.

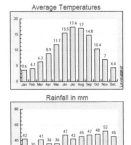

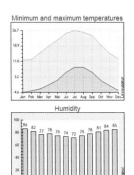

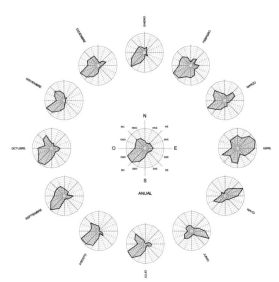

However, despite this adaptability, and although humans can survive in extreme thermal environments, the body sends a set of signals to the brain that are interpreted as pain. Therefore, humans feel comfortable, and therefore happiness, only when they are in a certain range of humidity and temperature. Thus, most people feel cold when the temperature falls below 20 °C, and feel hot at a temperature above 28 °C. Also they do not feel comfortable with humidity below 30% or above 85%.

Few places on Earth are able to offer a similar hygrothermal environment every day of the year. Therefore, building habitats in which human able to extend the range of natural hygrothermal comfort, by means of its intrinsic characteristics (thermal inertia, insulation, ventilation, breathability), or through specialized strategies (advanced design, proper guidance, suitable typology, constructive solutions, bioclimatic strategies).

Therefore, in order to ensure that the buildings have the highest level of thermal autoregulation the following strategy design must be followed:

1. Obtaining general data
First you should gather as much information as possible on five key areas: functional and formal customer preferences, cultural and social environment, legal determinations, technical determinations and ecological environment. This information allows modeling of a blur some basic parameters of the building (approximate area, typological possibilities, technological possibilities available materials, approximate volume, ...).

2. Obtaining weather data.
You must then collect the maximum amount of climato-

No obstante, a pesar de esta capacidad de adaptación, y aunque el humano pueda sobrevivir, en entornos térmicos extremos, el cuerpo envía un conjunto de señales al cerebro que se interpretan como dolor. Por ello, el ser humano solo siente confort, y por tanto felicidad, en un determinado rango de humedad y temperatura. De este modo, la mayoría de los humanos sienten frio con una temperatura inferior a 20 °C, y sienten calor con una temperatura superior a 28 °C. Además no sienten confort con una humedad inferior al 30% o superior al 85%.

Pocos lugares del planeta Tierra son capaces de ofrecer un entorno higrotérmico similar todos los días del año. Por ello, el humano debe construir hábitats capaces de ampliar el rango de confort higrotérmico natural, por medio de sus características intrínsecas (inercia térmica, aislamiento, ventilación, transpirabilidad), o por medio de estrategias especializadas (diseño avanzado, orientación adecuada, tipología conveniente, soluciones constructivas, estrategias bioclimáticas...).

Por todo ello, y con el fin de asegurar que los edificios tengan el máximo nivel de autorregulación térmica debe seguirse la siguiente estrategia de diseño:

1. Obtención de datos generales
En primer lugar se debe recabar la máxima cantidad de información posible relativa a cinco aspectos fundamentales: preferencias funcionales y formales del cliente, entorno cultural y social, determinaciones legales, determinaciones técnicas y entorno ecológico. Esta información permite

logical information of a particular place. This information should include daily temperature variation, variation of daily humidity, prevailing winds, the intensity of solar radiation, hours of daily natural lighting, etc., and any data representative of the local microclimate. As a result of the analysis of these data can give a fuzzy idea of the main problems to be solved to ensure the welfare of the client as well as the most suitable type of building.

3. Obtaining the inclination of the solar radiation.
The next point is to calculate the inclination of the solar radiation at different times of day, the most representative day of the year (from existing weather stations). It is especially important to know the maximum and minimum solar inclination, to ensure that in winter the maximum amount of solar radiation enters the building's design, and in summer ensure that the minimum amount of solar radiation naturally illuminates the rooms while not heating them. This information also provides an idea of some basic aspects of the building structure (depth of space, height of the holes,

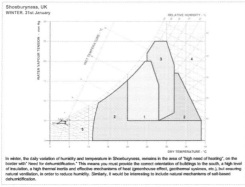

Shoeburyness, UK
WINTER. 21st January

In winter, the daily variation of humidity and temperature in Shoeburyness, remains in the area of "high need of heating", on the border with" Need for dehumidification." This means you must provide the correct orientation of buildings to the south, a high level of insulation, a high thermal inertia and effective mechanisms of heat (greenhouse effect, geothermal systems, etc.), but ensuring natural ventilation, in order to reduce humidity. Similarly, it would be interesting to include natural mechanisms of salt-based dehumidification.

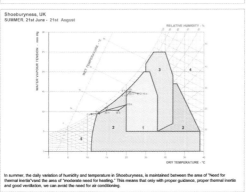

Shoeburyness, UK
SUMMER. 21st June - 21st August

In summer, the daily variation of humidity and temperature in Shoeburyness, is maintained between the area of "Need for thermal inertia"vand the area of "moderate need for heating." This means that only with proper guidance, proper thermal inertia and good ventilation, we can avoid the need for air conditioning.

modelar de forma borrosa algunos parámetros básicos del edificio (superficie aproximada, posibilidades tipológicas, posibilidades tecnológicas, materiales disponibles, volumen aproximado,...).

2. Obtención de datos climatológicos.
A continuación se debe recabar la máxima cantidad de información climatológica posible de un determinado lugar. Esta información debe incluir la variación térmica diaria, la variación de la humedad ambiental diaria, los vientos dominantes, la intensidad de la radiación solar, las horas de iluminación natural diaria, etc., así como cualquier dato representativo del microclima local. Como resultado del análisis de estos datos se puede tener una idea borrosa de los principales problemas a resolver para garantizar el bienestar del cliente, así como del tipo de edificio más adecuado.

3. Obtención de la inclinación de la radiación solar.
El siguiente punto consiste en calcular la inclinación de la radiación solar, a diferentes horas del día, los días más representativos del año (de las estaciones climatológicas existentes). Es especialmente importante conocer la máxima y la mínima inclinación solar, con el fin de asegurar que en invierno entra la máxima cantidad posible de radiación solar al interior del edificio a diseñar, y en verano asegurar que entre tan solo la radiación mínima indispensable para iluminar sus estancias de forma natural, y sin llegar a calentarlo. Esta información además proporciona una idea de ciertos aspectos básicos de la estructura del edificio (profundidad de los espacios, altura de los huecos, posición de núcleos de comunicación,..), y de la estructura formal de la fachada (tipos de huecos, dimensionado de las protecciones solares, etc...).

4. Confección de diagramas de confort.
Los diagramas de confort se confeccionan a partir de diagramas higrométricos en los que se la establecido la zona de confort humano. Sobre estos diagramas se grafía la variación de temperatura y humedad a lo largo de los días más representativos de cada estación térmica del año. Esta información sugiere claramente las necesidades de ventilación, inercia térmica, aireación, calefacción, y des humectación. Por tanto, proporciona una información básica y exacta de las características más importantes del edificio (masa, factor de forma, tipo de huecos, sistemas de ventilación, necesidad de aislamiento, etc.).

5. Obtención de los parámetros generales del edificio
Con toda la información obtenida se deben establecer de

position communication centers, ..), and the formal structure of the facade (types of holes, dimensioning of shading devices, etc ...).

4. Preparation of diagrams comfort.
Comfort diagrams are made from hygrometric diagrams in which the human comfort zone is established. On these plots the variation of temperature and humidity are graphed along the most representative days of each thermal season. This information clearly suggests ventilation, thermal inertia, aeration, heating and de-humidification needs. Therefore it provides basic and accurate information of the most important features of the building (mass, form factor type holes, ventilation, need for isolation, etc.).
5. Getting the general parameters of the building
With all the information obtained a set of the building's major rough compositional parameters is set, such as its topological structure and functional structure. These parameters must be sufficiently specific to lead the formal design process from a given initial rough typology, while at the same time they must be sufficiently ambiguous as to mold and redefine them at any intermediate stage of the design process.

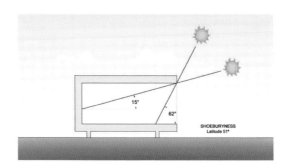

forma aproximada los parámetros compositivos más importantes del edificio, como son su estructura topológica y su estructura funcional. Estos parámetros deben ser suficientemente concretos como para dirigir el proceso formal de diseño a partir de una determinada tipología inicial aproximada, y deben ser suficientemente ambiguos como para poder moldearlos y redefinirlos en cualquier etapa intermedia del proceso de diseño.

6. Identificación de la tipología arquitectónica más adecuada.
En este punto del proceso general de diseño se debe proponer una proto-solución borrosa inicial, que aglutine de forma global tanto a las soluciones parciales ya decididas (en los apartados anteriores), como los diferentes elementos compositivos adicionales que deba contener el objeto arquitectónico. Es decir, el arquitecto debe proponer una determinada tipología arquitectónica tentativa y borrosa, lo más acertada posible, con el fin de poder encajar de forma coherente los diferentes espacios, y elementos constitutivos del edificio a diseñar. En esta etapa deben incluirse necesidades psicológicas, emocionales y simbólicas, de los ocupantes del edificio.

7. Refinamiento progresivo de la tipología arquitectónica.
A partir de este punto comienza el proceso habitual de la actividad del arquitecto, pero evaluando en cada paso la eficacia medioambiental de las diferentes etapas intermedias con ayuda de los indicadores sostenibles. De este modo, poco a poco, los diferentes elementos van encajan-

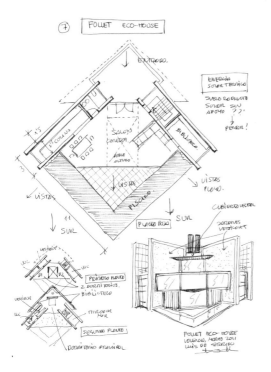

6. Identifying the most appropriate architectural style.

At this point the overall design process is to propose an initial fuzzy proto-solution, bringing together both globally partial solutions already decided (in the previous sections), as different additional compositional elements that should contain the architectural object. That is, the architect must propose a specific and blurred architectural style attempt, as accurate as possible in order to consistently fit different spaces and constituent elements of the building design. At this stage the building occupants' psychological, emotional and symbolic needs should be included.

7. Progressive Refinement of architectural typology.

From this point the normal process of the architect is carried out, but carefully evaluated at each step the environmental effectiveness of the various intermediate stages using sustainable indicators. Thus, gradually, the different elements fit together progressively among themselves to form the formal solution of the building. If at any time you come to a dead end, you must return to the previous step, and continue the process.

8. Calculation of sunscreens.

Once you already have an approximate solution for the design of the building, one must begin with a process of general dimensioning of all spaces and components. Special attention is placed on the sizing of shading devices, in order to control the maximum solar radiation throughout the year.

9. Design of best constructive solutions.

Finally we must design all building construction solutions, paying careful attention to their energy efficiency.

10. Right technological choice and correct sizing of the artifacts.

This step is not always necessary, depending on weather conditions in the environment, and quality of the obtained design (due to the experience and skill of the architect). However, on other occasions, buildings should be complemented with technological devices, in order to ensure human welfare. In this case the goal is firstly to minimize the power of the equipment that is incorporated in buildings (something already inherent in the design process when followed), and secondly, conveniently manage them at all times, to minimize their operating time and consume the least amount of energy.

do progresivamente entre sí, conformando la solución formal del edificio. Si en un determinado momento se llega a un callejón sin salida, se debe volver a la etapa anterior, y continuar con el proceso.

8. Cálculo de las protecciones solares.

Una vez que ya se tiene una solución aproximada para el diseño del edificio, se debe empezar con un proceso de dimensionado general de todos sus espacios y componentes. Especialmente hay que prestar atención al dimensionamiento de las protecciones solares, con el fin de controlar al máximo la radiación solar cada día del año.

9. Diseño de las soluciones constructivas más adecuadas.

Finalmente se deben de diseñar todas las soluciones constructivas del edificio, prestando una minuciosa atención a su eficiencia energética.

10. Correcta elección tecnológica, y correcto dimensionado de los artefactos.

Esta etapa puede no necesaria en algunas ocasiones, dependiendo de las condiciones climatológicas del entorno, y de la bondad del diseño obtenido (debido a la experiencia y pericia del arquitecto). Sin embargo, en otras ocasiones, los edificios deben complementarse con artefactos tecnológicos, con el fin de asegurar el bienestar humano. En este caso el objetivo es en primer lugar, minimizar la potencia de los equipos que se deben incorporar en los edificios (algo ya inherente en el propio proceso de diseño seguido), y en segundo lugar, gestionarlos convenientemente en todo momento, con el fin de disminuir al máximo su tiempo de funcionamiento, para consumir la menor cantidad posible de energía.

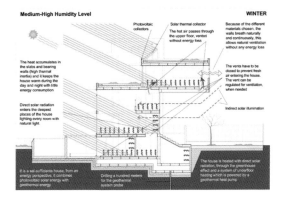

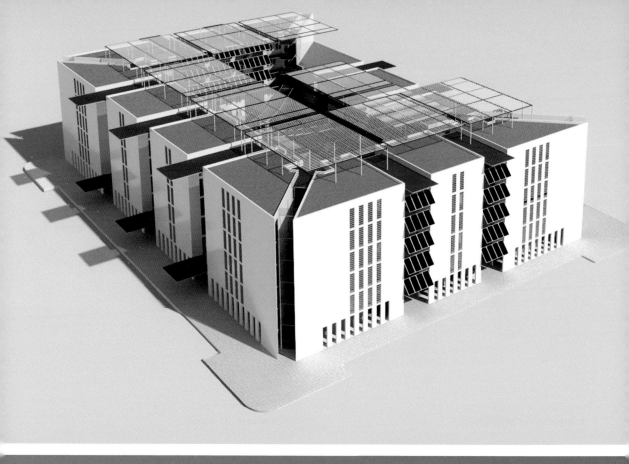

Residential complex "Oasis"

2002
IVVSA
Alicante. Spain
9.261'70 m^2
3.729.500 euro

1. Architectural solution

Oasis Residential Complex project is the solution presented to the architectural competition organized by the IVVSA. This contest was primarily aimed at designing a new type of social housing to be built in a given area, located in the extension of the city of Alicante. The architectural complex must include a total of 105 social housing, gardens, shops, meeting halls and community centers with the highest quality, at the lowest possible cost of construction, and with the greatest possible ecological level.

Alicante is a city with extreme thermal conditions in summer (high average temperature, high humidity, and with low drop in temperature at night). Despite this, the city has grown over the past 200 years using irrational design types that do not solve its climatic or social requirements.

Due to these circumstances *Oasis* has been designed not only to be the architectural response to the specific needs of the location of competition, but also it intends to be an architectural paradigm that can be used as a general alternative for the growth of the city of Alicante, and its internal recycling.

1. From a social standpoint, Oasis is an alternative to the housing block. It is able to improve social relations between neighbors and create a richer spatial experience. A standard housing block only creates two types of spaces:

1. Solución arquitectónica

El proyecto del *Complejo Residencial Oasis*, es la solución presentada al concurso de arquitectura organizado por el IVVSA. Este concurso tenía como objetivo fundamental el diseño de una nueva tipología de vivienda social para ser construida en una determinada manzana, ubicada en el ensanche de la ciudad de Alicante. El complejo arquitectónico debía incluir un total de 105 viviendas sociales, jardines, locales comerciales, locales de reunión y centros sociales, con la mayor calidad posible, con el menor coste de construcción posible, y con el mayor nivel ecológico posible.

Alicante es una ciudad con unas condiciones térmicas extremas en verano (elevada temperatura media, alta humedad, y poco descenso térmico durante la noche). A pesar de esta realidad, la ciudad ha crecido en los últimos 200 años a partir de tipologías irracionales, que no dan soluciones ni a sus requerimientos climáticos, ni a sus requerimientos sociales.

Debido a esta circunstancias *Oasis* no solo es la respuesta arquitectónica al concurso localizado en una ubicación concreta, sino que además pretende ser una tipología arquitectónica que sirva de alternativa general al crecimiento de la ciudad de Alicante, y a su reciclaje interno.

1. Desde un punto de vista social, *Oasis* es una alternativa a la manzana, capaz de mejorar las relaciones sociales entre

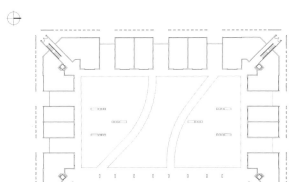

PLANTA BAJA

GROUND FLOOR PLAN

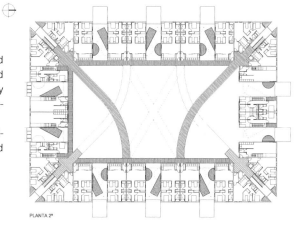

private spaces and public spaces, and this in turn is divided into inner space and outer space. However, the proposed solution consists in slicing up a conventional block thereby creating a concatenation of micro-independent blocks separated by semi intermediate spaces.

The spaces between the different micro-blocks are perceived as a sequential drilling of the structure of a closed

PLANTA 2ª

SECOND FLOOR PLAN

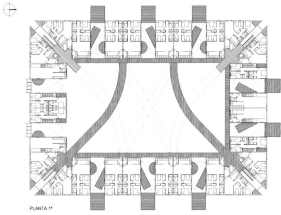

PLANTA 1ª

FIRST FLOOR PLAN

los vecinos, y crear mayor riqueza espacial. Una manzana solo crea dos tipos de espacios: el espacio privado y el espacio público, y este a su vez se divide tan solo en espacio interior y en espacio exterior. En cambio, la solución propuesta, consiste en rebanar una manzana convencional, creando así una concatenación de micro-bloques independientes, separados por espacios semiprivados intermedios. Los espacios existentes entre los diferentes micro-bloques se perciben como perforaciones secuenciales de la estructura de una manzana cerrada, y conectan el espacio ex-

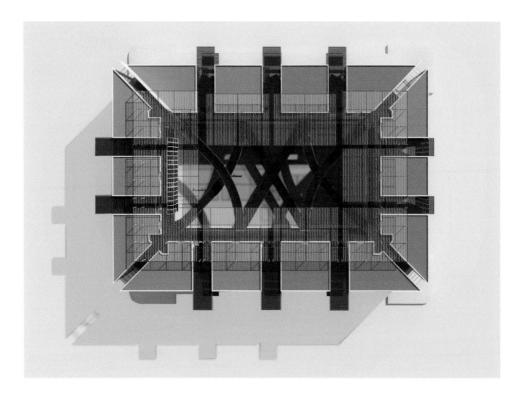

block, and connect the outer space of the block with the interior space, creating a set of microclimates capable of stimulating social relations, while respecting the privacy of all its occupants. Therefore, different houses are dumped onto these spaces and have little spatial and visual relationship with the internal and external spaces of the block. The complex is accessed through four entrances located at each corner of the block. In each corner there are vertical communication cores that provide access to different walkways at each level, which ease access to the different interconnected blocks on the side of the inner courtyard. Thus residents of the complex are in permanent contact with the green area and meeting points of the courtyard. Furthermore, the green area inside the complex can be accessed through the spaces between the micro-blocks.

The architectural structure of houses are very simple, and allows them to be clumped together, two by two, creating micro-blocks, which are articulated and interconnected via perimeter walkways. These walkways surround and cross the central courtyard, encouraging and stimulating social relations, and interactions with nature.

terior de la manzana con el espacio interior, y crean unos microclimas capaces de estimular las relaciones sociales, y al mismo tiempo respetar la intimidad de todos los ocupantes. Por ello, las diferentes viviendas están volcadas a estos espacios y apenas tienen relación espacial y visual ni con el espacio exterior de la manzana, ni con el espacio interior.

Al complejo se accede por medio de cuatro accesos ubicados en cada una de las esquinas de la manzana. En cada esquina se ubican los núcleos de comunicación vertical, que dan acceso a las diferentes pasarelas de cada nivel, que a su vez mantienen intercomunicados los diferentes bloques, en el lado del patio interior. De este modo los residentes del complejo están en relación permanente con la zona verde del patio interior. Además, a la zona verde interior del complejo se puede acceder a través de los espacios existentes entre los micro-bloques.

Las tipologías arquitectónicas de las diferentes viviendas son muy sencillas, y permite que se agrupen entre sí, de dos en dos, creando micro-manzanas, que se articulan y se interconectan por medio de pasarelas perimetrales. Estas pasarelas rodean y atraviesan el patio central, favoreciendo y estimulando las relaciones sociales.

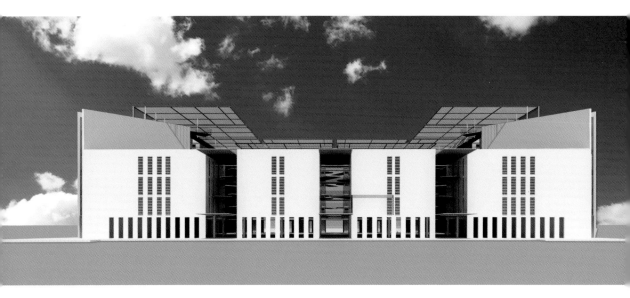

2. From a climate perspective, *Oasis* has been designed in order to create the maximum amount of shaded areas to encourage social relationships, and to prevent households from over heating due to solar radiation in the summer months.

The central courtyard of the complex is shaded by a set of umbrellas located on the roof garden, and the various perennial high-crowned trees located inside. Some of the walkways in the courtyard cross paths among the different trees so pedestrians can briefly be immersed among the branches of the trees.

In turn, the spaces between the micro- blocks are shaded due to a large covering located above and because of the housings' balconies. Thus a cool and pleasant climate is created throughout the year, which stimulates neighborly relationships and keeps the housings cool.

Different households have windows creating spaces between the micro-blocks, so that they are not exposed to direct sunlight. Similarly, a variety of holes create outdoor spaces and also have sunscreens with the same purpose of preventing direct sunlight from penetrating the houses. Therefore, households do not over heat in summer.

Furthermore, houses are kept cool at all times, due to their high thermal inertia (allowing them to keep cool at night), and through a series of underground galleries that generate and maintain different streams of cool air, traversing the different houses and cooling them in its path.

For these reasons the block becomes a true oasis in the city

2. Desde un punto de vista climático, *Oasis* se ha diseñado con la finalidad de crear la máxima cantidad posible de espacios sombreados, para estimular las relaciones sociales, y con la finalidad de que las diferentes viviendas no se calienten debido a la radiación solar.

El patio central del complejo se mantiene sombreado mediante un conjunto de parasoles ubicados sobre la cubierta ajardinada, y por los diferentes arboles perennes de copa alta ubicados en su interior. Algunas de las pasarelas cruzan el patio entre los diferentes arboles con la finalidad de que los viandantes se mezclen por un instante entre las ramas de estos árboles.

A su vez, los espacios existentes entre los micro-bloques se mantienen sombreados debido a un gran parasol ubicado en su parte superior, y debido a los diferentes balcones de las viviendas. De este modo se crea un microclima fresco y agradable durante todo el año, que estimula las relaciones vecinales, y permite que las diferentes viviendas permanezcan frescas.

Las diferentes viviendas tienen sus ventanas dando a los espacios existentes entre los micro-bloques, por lo que la radiación solar directa nunca accede directamente al interior de las viviendas. Del mismo modo, los diferentes huecos que dan a los espacios exteriores tienen un conjunto diferente de protecciones solares con la misma finalidad de impedir que la radiación solar directa penetre en el interior de las viviendas. Por todo ello, las viviendas no llegan a calentarse en verano.

of Alicante, which has traditionally grown from uninspiring apartment blocks. This creates an alienating environment for humans and does not stimulate personal relationships nor does it provide a bit of shade in a city that is pounded by the sun for several months each and every year.

The *Oasis* complex invites pedestrians to stroll among the perimeter and its shaded porches, cross and explore the interior green spaces, which are fresh and full of life.

2. Bioclimatic Features

1. Natural heating architectural systems
The climate of the city is in generally warm, so warm bioclimatic systems do not need be very effective. Basically they include proper insulation, which avoids energy losses, and high natural illumination, which generates a light greenhouse effect.

2. Natural cooling architectural systems
Cooling bioclimatic systems must be very effective, given the high temperatures reached in Alicante during the summer. The houses cool themselves, in three ways:

Por otro lado, las diferentes viviendas se mantienen frescas en todo momento, debido a su elevada inercia térmica (lo que les permite mantener el fresco de la noche), y por medio de un conjunto de galerías subterráneas que generan y mantienen diferentes corrientes de aire fresco, que atraviesan las diferentes viviendas y las refrescan a su paso.
Por todo lo expuesto el conjunto se convierte en un verdadero oasis en la ciudad de alicante, que tradicionalmente ha crecido a base de bloques anodinos de vivienda, que crean un entorno alienante para el ser humano, no estimulan las relaciones personales y no crean ni un ápice de sombra en una ciudad castigada por el sol varios meses al año. El complejo *Oasis* invita a los viandantes a recorrerlo de forma perimetral por sus pórticos perimetrales sombreados, y a atravesarlo y explorar los espacios verdes, frescos y llenos de vida de su interior.

2. Características Bioclimáticas

1. Sistemas de generación de calor
En entorno de las viviendas es muy cálido, por lo que los sistemas bioclimáticos de calentamiento no necesitan ser muy efectivos. Básicamente, un correcto aislamiento, que evita pérdidas energéticas, y un elevado nivel de iluminación, que genera un cierto efecto invernadero.

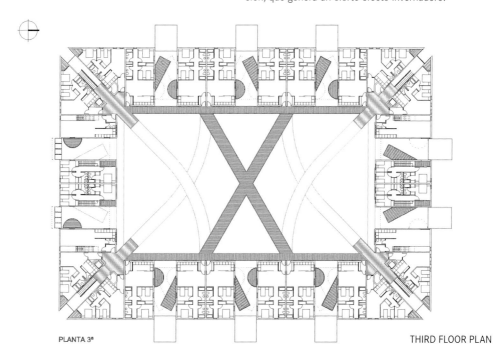

PLANTA 3ª   THIRD FLOOR PLAN

a. Avoiding being heated: by increasing the windowed surface of the covered patio perimeter; decreasing the surface area facing exterior streets; making use of sunscreens for direct and indirect solar radiation (a different type for each of the holes with different orientation); and providing adequate insulation.

b. Cooling, by means of a system of architectural underground galleries. The air is collected where it is cooler in the perimeter-covered patios. This air is directed to the underground galleries and cools, giving its heat to the underground walls. The fresh air comes into the central covered courtyard, where again it is cooled by evaporated water. The patio is covered and filled with vegetation, so it keeps a large volume of fresh air.

c. Allowing hot air, accumulated in the housing, to escape through solar chimneys located on the roof garden.

3. Accumulation systems
The cool generated during the summer nights (due to natural ventilation and exterior lower temperature) is accumulated in the floors and interior walls of high thermal inertia.

2. Sistemas de generación de fresco
Los sistemas bioclimáticos de refresco son muy efectivos, dadas las elevadas temperaturas que se alcanzan en Alicante durante la época estival. Las viviendas se refrescan por sí mismas, de tres modos:

a. Evitando calentarse: disponiendo la mayor parte de la superficie vidriada en los patios perimetrales cubiertos; disminuyendo al máximo la superficie de los huecos que dan a las calles exteriores; disponiendo de protecciones solares para la radiación solar directa e indirecta (un tipo de protección diferente para cada uno de los huecos con diferente orientación); y disponiendo un aislamiento adecuado.

b. Refrescándose, mediante un sistema de enfriamiento arquitectónico de aire, por medio de galerías subterráneas. El aire se recoge en el lugar en el que se encuentra más fresco, en los patios perimetrales cubiertos. Este aire se dirige a las galerías subterráneas y se enfría, cediendo su calor a los muros subterráneos. El aire fresco sale al interior del patio central cubierto, en el que vuelve a enfriarse por evaporación de agua. El patio esta cubierto y repleto de vegetación, por lo que mantiene un gran volumen de aire fresco.

Thus the houses remain cool throughout the day, with no energy consumption. During the day, the houses are do not heat up, due to the natural cooling systems used.
The roof garden (with about 25 cm. of soil) with high thermal inertia, and adequate insulation, helps maintain stable temperatures inside the houses.

4. Transfer Systems (heat or cool)
The cool air rises through the central courtyard and into each of the housing through a set of vents located on the front of the central courtyard. The fresh air flows through all the rooms of the perimeter housing through the vents of interior doors. Heated air rises and escapes through the top of the windows of the perimeter walls, and through a set of solar chimneys located on the roof garden. The type of housing is designed specifically to optimize these airflows through the interior corridors.

5. Natural ventilation
The ventilation of the building is continuous and natural, through the perimeter walls, allowing adequate ventilation

c. Evacuando el aire caliente al exterior de las viviendas, por medio de chimeneas solares ubicadas en las azoteas ajardinadas.

3. Sistemas de acumulación
El fresco generado durante la noche en verano (por ventilación natural y debido al descenso exterior de la temperatura) se acumula en los forjados y en los muros de carga interiores de alta inercia térmica. De este modo las viviendas permanecen frescas durante todo el día, sin consumo energético alguno. Durante el día, las viviendas no se calientan, debido a los sistemas de refresco utilizados.
La cubierta ajardinada (con unos 25 cm. de tierra) de alta inercia térmica, además de un adecuado aislamiento, y colabora en mantener estables las temperaturas del interior de las viviendas.

4. Sistemas de transferencia (calor o fresco).
El aire fresco asciende por el patio central y penetra en cada una de las viviendas, a través de un conjunto de rejillas ubicadas en la fachada del patio central. El aire fresco

without energy loss. This type of ventilation is possible since all materials are breathable (ceramic, cement-lime mortar, paint silicates), although the set has a completely hydrophobic behavior.

3. Highlights Innovations

- Alternative housing typology compared to the conventional block, able to create a cool and stable microclimate in hot climates. Similarly this design can create a variety of spaces and encourage good relations of coexistence among neighbors. The typology includes all kinds of activities and services, so that the residential complex has a high level of self-sufficiency.

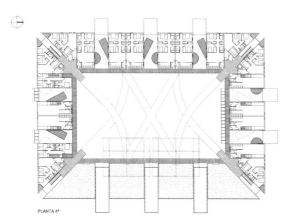

PLANTA 4ª

FOUR FLOOR PLAN

recorre todas las estancias de las viviendas perimetrales, atravesando las rejillas de las puertas de paso interiores. El aire asciende al calentarse, y escapa por la parte superior de las ventanas de las fachadas perimetrales, y a través de un conjunto de chimeneas solares ubicadas en la azotea ajardinada. La tipología de las viviendas se ha proyectado precisamente para optimizar estas corrientes de aire a través de los pasillos interiores.

5. Ventilación natural

La ventilación del edificio se hace de forma continuada y natural, a través de los propios muros envolventes, lo que permite una ventilación adecuada, sin pérdidas energéticas. Este tipo de ventilación es posible ya que todos los materiales utilizados son transpirables (cerámica, mortero de cal-cemento, pintura a los silicatos), aunque el conjunto tenga un comportamiento completamente hidrófugo.

3. Innovaciones más destacadas

- Propuesta de tipología alternativa a la manzana convencional, capaz de crear un microclima fresco y estable en climas cálidos. Del mismo modo esta tipología es capaz de crear una gran variedad de espacios y estimular las buenas relaciones de convivencia entre los vecinos. La tipología incluye todo tipo de actividades y servicios, por lo que el complejo residencial tiene un elevado nivel de autosuficiencia.

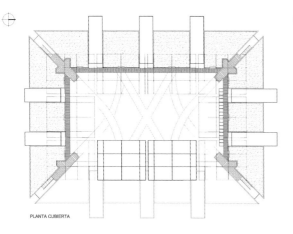

PLANTA CUBIERTA

ROOF PLAN

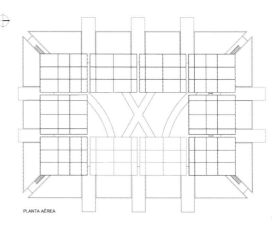

PLANTA AÉREA

AERIAL PLAN

- The construction system used allows the maximum possible ecological level, since it entails the least possible energy consumption and least amount waste generation and emissions possible, and the housings life cycle can be infinite, given that all building components can be recovered, repaired and reused.

- El sistema constructivo utilizado permite el máximo nivel ecológico posible, ya que implica el menor consumo energético posible y la menor generación de residuos y emisiones posible, ya que su ciclo de vida puede llegar a ser infinito, dado que todos los componentes de los edificios pueden recuperarse, repararse y reutilizarse.

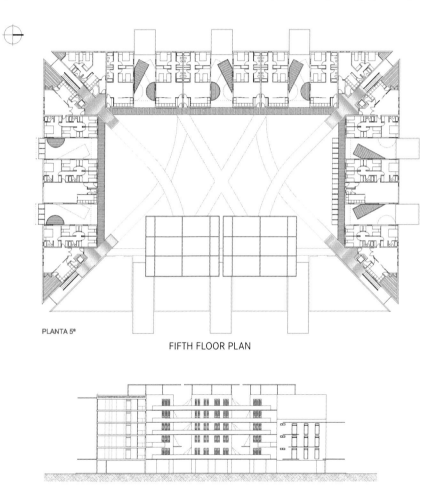

PLANTA 5ª

FIFTH FLOOR PLAN

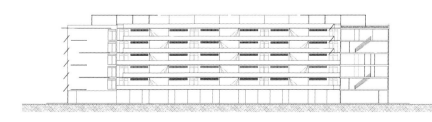

SECTIONS

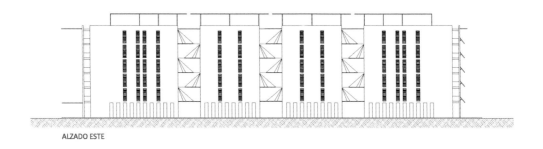

ALZADO ESTE

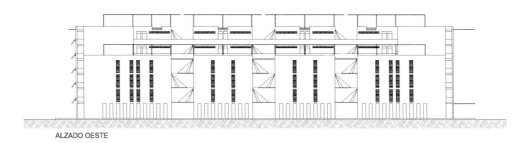

ALZADO OESTE

EAST, WEST ELEVATIONS

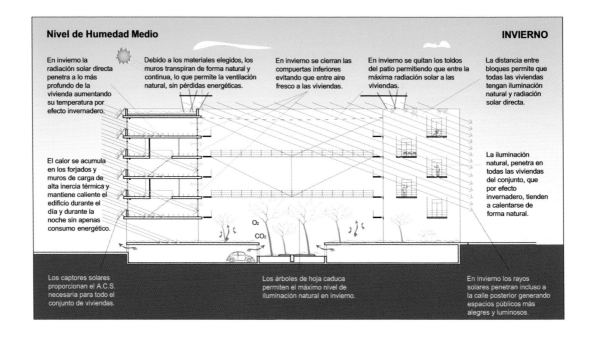

Nivel de Humedad Medio

INVIERNO

En invierno la radiación solar directa penetra a lo más profundo de la vivienda aumentando su temperatura por efecto invernadero.

Debido a los materiales elegidos, los muros transpiran de forma natural y continua, lo que permite la ventilación natural, sin pérdidas energéticas.

En invierno se cierran las compuertas inferiores evitando que entre aire fresco a las viviendas.

En invierno se quitan los toldos del patio permitiendo que entre la máxima radiación solar a las viviendas.

La distancia entre bloques permite que todas las viviendas tengan iluminación natural y radiación solar directa.

El calor se acumula en los forjados y muros de carga de alta inercia térmica y mantiene caliente el edificio durante el día y durante la noche sin apenas consumo energético.

La iluminación natural, penetra en todas las viviendas del conjunto, que por efecto invernadero, tienden a calentarse de forma natural.

Los captores solares proporcionan el A.C.S. necesaria para todo el conjunto de viviendas.

Los árboles de hoja caduca permiten el máximo nivel de iluminación natural en invierno.

En invierno los rayos solares penetran incluso a la calle posterior generando espacios públicos más alegres y luminosos.

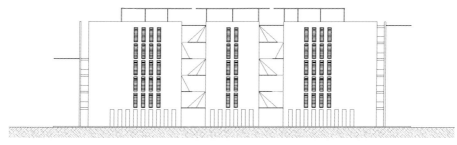

ALZADO NORTE

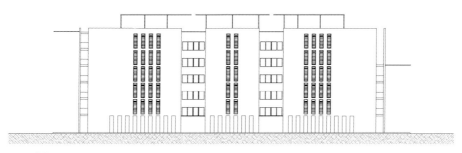

ALZADO SUR

NORTH, SOUTH ELEVATIONS

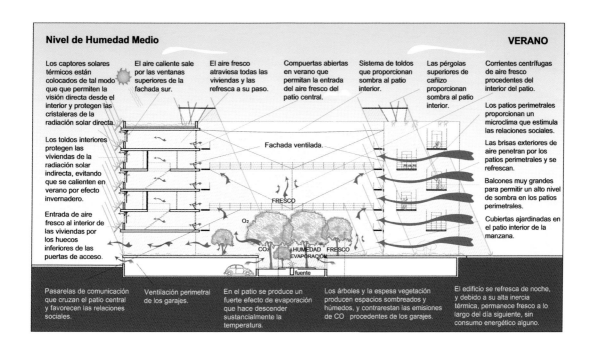

Nivel de Humedad Medio

VERANO

Los captores solares térmicos están colocados de tal modo que que permiten la visión directa desde el interior y protegen las cristaleras de la radiación solar directa.

Los toldos interiores protegen las viviendas de la radiación solar indirecta, evitando que se calienten en verano por efecto invernadero.

Entrada de aire fresco al interior de las viviendas por los huecos inferiores de las puertas de acceso.

El aire caliente sale por las ventanas superiores de la fachada sur.

El aire fresco atraviesa todas las viviendas y las refresca a su paso.

Compuertas abiertas en verano que permitan la entrada del aire fresco del patio central.

Sistema de toldos que proporcionan sombra al patio interior.

Las pérgolas superiores de cañizo proporcionan sombra al patio interior.

Corrientes centrífugas de aire fresco procedentes del interior del patio.

Los patios perimetrales proporcionan un microclima que estimula las relaciones sociales.

Las brisas exteriores de aire penetran por los patios perimetrales y se refrescan.

Balcones muy grandes para permitir un alto nivel de sombra en los patios perimetrales.

Cubiertas ajardinadas en el patio interior de la manzana.

Fachada ventilada.

FRESCO

O_2

CO_2 HUMEDAD FRESCO
EVAPORACIÓN

fuente

Pasarelas de comunicación que cruzan el patio central y favorecen las relaciones sociales.

Ventilación perimetral de los garajes.

En el patio se produce un fuerte efecto de evaporación que hace descender sustancialmente la temperatura.

Los árboles y la espesa vegetación producen espacios sombreados y húmedos, y contrarrestan las emisiones de CO procedentes de los garajes.

El edificio se refresca de noche, y debido a su alta inercia térmica, permanece fresco a lo largo del día siguiente, sin consumo energético alguno.

Residential complex "Brisa.net"

2002
I.V.V.S.A.
Paterna. Valencia. Spain
9.675 m^2
3.970.354 euro

1. Architectural solution

The project *Bisa.net Residential Complex*, is the entry presented in the architectural competition organized by the IVVSA. This contest was primarily aimed at designing a new type of social housing block in a plot of the periphery of

1. Solución arquitectónica

El proyecto del *Complejo Residencial Bisa.net*, es la solución presentada al concurso de arquitectura organizado por el IVVSA. Este concurso tenía como objetivo fundamental el diseño de una nueva tipología de vivienda social en bloque, ubicado en un solar de la periferia de Paterna (Valencia). El bloque debía incluir un total de 54 viviendas socia-

Paterna (Valencia). The block should include a total of 54 social housing as well as a certain set of gardens, shops, meeting halls and community centers with the highest quality, at the lowest possible cost of construction, and with the greatest possible ecological level.

The proposed solution consists of a longitudinal block divided by a central courtyard into two equal parts, which are the cores of vertical communication, spaces reserved for social activities and meeting centers, and thermal solar collectors.

To meet the needs and preferences of the largest number of families possible different types of housing have been projected, placed adjacent to each other and connected by a longitudinal connecting gallery on the north side.

The houses are flexible, and users can transform them at will, depending on their specific needs. Similarly the user can even change the structure and color of its facade, so the appearance of the block remains in flux, depending on the set of individual actions of its occupants.

les, así como un conjunto determinado de jardines, locales comerciales, locales de reunión y centros sociales, con la mayor calidad posible, con el menor coste de construcción posible, y con el mayor nivel ecológico posible.

La solución propuesta consiste en un bloque longitudinal dividido en dos partes iguales por medio de un patio central, en el que se encuentran los núcleos de comunicación vertical, los espacios reservados para actividades sociales y centros de reunión, y los captores solares térmicos.

Con la finalidad de satisfacer las necesidades y preferencias del mayor número posible de familias, se han proyectado tipologías diferentes de viviendas, dispuestas de forma adyacente y unidas por medio de una galería longitudinal de comunicación en la parte norte.

Las viviendas son flexibles, y los usuarios pueden transformarlas a su antojo, dependiendo de sus necesidades concretas. Del mismo modo el usuario puede incluso cambiar la estructura y color de su fachada, por lo que el aspecto del bloque se mantiene en cambio continuo, dependiendo del conjunto de acciones individuales de sus ocupantes.

Para amortiguar el impacto visual de los cambios continuos en la fachada y para mantener un aspecto neutral y de respeto respecto del espacio urbano, se han recubierto todos los voladizos de la fachada por medio de una malla metálica

To soften the visual impact of continuous changes in the facade and to maintain a neutral aspect among the urban landscape, all the overhangings of the facade have been covered with a thick metallic mesh, creating the balconies of the houses. This mesh has three objectives:

1. Provide a stable medium and long distance (distance to coast changes are clearly visible) visual perception.
2. Provide security to different terraces.
3. To provide effective protection against solar radiation in the summer, while allowing the maximum level of sunlight to pass in winter. When solar radiation is tangential to the mesh, the mesh is thick and sunlight can not pass through, so a shaded area is generated behind it (summer). Thus the building remains cool. However, when solar radiation runs orthogonal to the mesh, it easily passes, reaching the windows of the facade (winter). This tends to heat the building naturally.

2. Bioclimatic Features

1. Natural heating architectural systems
The houses are heated by themselves, in two ways:

tupida, creando los balcones de las viviendas. Esta malla tiene tres objetivos:

1. Proporcionar una percepción visual estable a media y larga distancia (a costa distancia los cambios se perciben con claridad).
2. Proporcionar seguridad a las diferentes terrazas.
3. Proporcionar una efectiva protección frente a la radiación solar en verano, a la vez que permite el paso del máximo nivel de radiación solar en invierno. Cuando la radiación solar es tangencial a la malla, esta se muestra tupida y no la puede atravesar, por lo que se genera sombra detrás de la misma (verano). De este modo el edificio se mantiene fresco. En cambio, cuando la radiación solar discurre de forma ortogonal a la malla, la atraviesa con facilidad, alcanzando las cristaleras de la fachada (invierno). De este modo el edifico tiende a calentarse por sí mismo de forma natural.

2. Características Bioclimáticas

1. Sistemas de generación de calor
Las viviendas se calientan por si mismas, de dos modos:

a. Avoiding cooling: due to proper thermal insulation, and providing most of the windowed surface facing south.

b. Due to its careful and special bioclimatic design, the housing is partially heated by the greenhouse effect, solar radiation and electric accumulators that take advantage of the electrical night rate discount. The metal mesh in galleries to the south functions as a double skin allow sunlight to pass in the winter, through the windows, and heats the housing by means of the greenhouse effect.

2. Natural cooling architectural systems

Cooling bioclimatic systems must be very effective, given the high temperatures during the summer. The houses cool themselves in three ways:

a. Avoid being heated: placing most of the windowed surfaces facing south decreasing the maximum surface windows leading to the outside lanes; making use of sunscreens for direct and indirect solar radiation (a different type for each of the holes with different orientation protection); and providing adequate insulation.

b. Cooling by an architectural cooling system which increases the effectiveness of cross ventilation. To do this, a large shaded space in the north of the building (access galleries) is created, that together with a thick volume of

a. Evitando enfriarse: debido a su correcto aislamiento térmico, y disponiendo la mayor parte de la superficie vidriada al sur.

b. Debido a su cuidadoso y especial diseño bioclimático, la vivienda se calienta parcialmente por efecto invernadero, radiación solar directa y acumuladores eléctricos con tarifa nocturna. Las mallas metálicas colocadas a modo de doble piel en las galerías situadas al sur, permiten pasar la radiación solar en invierno, atravesar las cristaleras, y calentar la vivienda por efecto invernadero.

2. Sistemas de generación de fresco

Los sistemas bioclimáticos de refresco necesitan ser muy efectivos dadas las elevadas temperaturas que se alcanzan en la ciudad en verano. Las viviendas se refrescan por sí mismas, de tres modos:

a. Evitando calentarse: disponiendo la mayor parte de la superficie vidriada al sur (Las mallas metálicas, colocadas a modo de doble piel en las galerías situadas al sur, no permiten pasar la radiación solar en verano); disponiendo de protecciones solares para la radiación solar directa e indirecta, y disponiendo un aislamiento adecuado.

b. Refrescándose mediante un sistema de enfriamiento arquitectónico que aumenta la eficacia de la ventilación

vegetation holds a large volume of fresh air. This available air flows through the houses, cooling them in its path.
c. Evacuating the hot air outside housing, through solar chimneys located on the roof garden.

3. Accumulation systems
The cool generated during the night in summer (for natural ventilation and outside due to lower temperature) accumulates in the high thermal inertia floors and interior walls. Thus the houses remain cool throughout the day, with no energy consumption. During the day, the houses are not heated, due to the natural cooling systems used.

The roof garden (with about 25 cm. of soil) with high thermal inertia, plus adequate insulation, helps maintain stable temperatures inside the houses.

4. Transfer Systems (heat or cool).
The cool air rises through the central courtyard and into each of the housings through a set of vents located on the front of the central courtyard. The fresh air flows through all the rooms of the perimeter housing through the vents of interior doors. Heated air rises and escapes through the top of the windows of the perimeter walls, and through a set

cruzada. Para ello, se crea un gran espacio sombreado al norte de las viviendas (las galerías de acceso), y se dispone una espesa vegetación que mantiene un gran volumen de aire fresco. Este aire pasa a las viviendas por las rejillas situadas al norte, y las refrescan cuando las atraviesan.
c. Evacuando el aire caliente al exterior de las viviendas, a través de la parte superior de las ventanas situadas al sur, y por medio de chimeneas solares ubicadas en las azoteas ajardinadas.

3. Sistemas de acumulación
El fresco generado durante la noche en verano (por ventilación natural y debido al descenso exterior de la temperatura) se acumula en los forjados y en los muros de carga interiores de alta inercia térmica. De este modo las viviendas permanecen frescas durante todo el día, sin consumo energético alguno. Durante el día, las viviendas no llegan a calentarse, debido a los sistemas de refresco utilizados.
La cubierta ajardinada (con unos 30 cm. de tierra) de alta inercia térmica, además de un adecuado aislamiento, colabora en mantener estable la temperatura del interior de las viviendas.

of solar chimneys located on the roof garden. The type of housing is designed specifically to optimize these air flows through the interior corridors.

5. Natural ventilation

The ventilation of the building is continuous and natural, through the perimeter walls, allowing adequate ventilation without energy loss. This type of ventilation is possible since all materials are breathable (ceramic, cement-lime mortar, paint silicates), although the set has a completely hydrophobic behavior.

3. Highlights Innovations

- Using metal meshes as a false facade for the control and use of solar radiation, to soften the visual impact of continuous variations in the building, as a result of the changing preferences and decisions of its occupants.
- The construction system used allows for the maximum possible ecological level, since it involves the least possible energy consumption and waste generation and emissions, since its life cycle can be infinite, all building components can be recovered, repaired and reused.

4. Sistemas de transferencia (calor o fresco).

El aire fresco recorre todas las estancias de las viviendas, a través de las rejillas de las puertas de paso interiores. Conforme se calienta el aire, asciende, y escapa a través de las ventanas superiores de la fachada sur.

5. Ventilación natural

La ventilación del edificio se hace de forma continuada y natural, a través de los propios muros envolventes, lo que permite una ventilación adecuada, sin pérdidas energéticas. Este tipo de ventilación es posible ya que todos los materiales utilizados son transpirables (hormigón, cerámica, mortero de cal-cemento, pintura a los silicatos), aunque el conjunto tenga un comportamiento completamente hidrófugo.

3. Innovaciones más destacadas

- Utilización de mallas metálicas a modo de falsa fachada, para el control y aprovechamiento de la radiación solar, y para generar una falsa fachada y amortiguar el impacto visual que genera las variaciones continuas del edificio, como consecuencia de las cambiantes preferencias y decisiones de sus ocupantes.

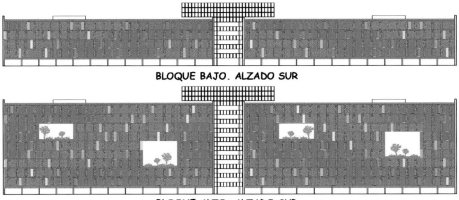

BLOQUE BAJO. ALZADO SUR

BLOQUE ALTO. ALZADO SUR

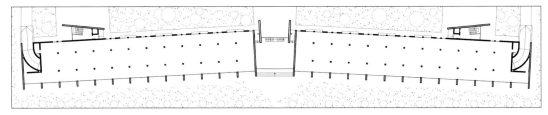

GROUND FLOOR PLAN

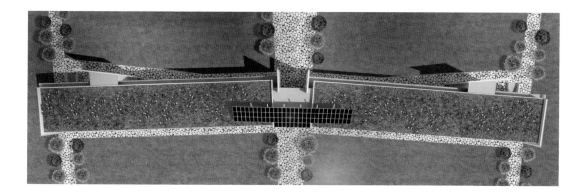

- The correct placement and integration of Photovoltaic solar collectors on the building structure. Solar captors can be arranged so that in summer they provide partial shade to each other avoiding overproduction of hot water, and subsequent accidents. In winter, however, the solar collectors allow for enough solar radiation to pass through the subsequent spaces, so they stay hot by means of solar radiation and the greenhouse effect.

- El sistema constructivo utilizado permite el máximo nivel ecológico posible, ya que implica el menor consumo energético posible y la menor generación de residuos y emisiones posible, ya que su ciclo de vida puede llegar a ser infinito, dado que todos los componentes de los edificios pueden recuperarse, repararse y reutilizarse.
- Correcta integración arquitectónica de captores solares –térmicos y fotovoltaicos- en la estructura del edificio. Los captores soleres se han dispuesto de tal modo que en verano se proporcionan entre sí sombra parcial unos a otros, evitando una sobreproducción de agua caliente, y la consiguiente generación de averías en las instalaciones debido a las dilataciones de los fluidos interiores. En invierno, en cambio, los captores solares permiten que entre la suficiente radiación solar a los espacios posteriores, para que se mantengan calientes por efecto de la radiación solar y por efecto invernadero.

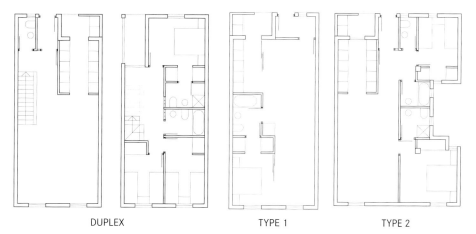

DUPLEX   TYPE 1   TYPE 2

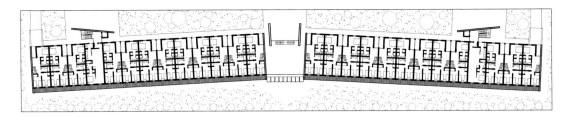

FIRST FLOOR PLAN

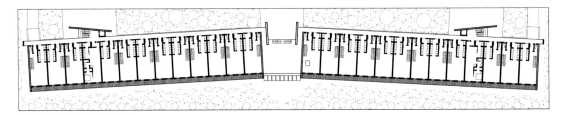

SECOND FLOOR PLAN

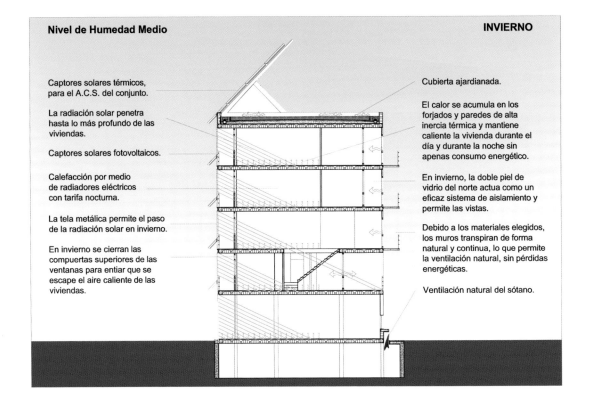

Nivel de Humedad Medio

INVIERNO

Captores solares térmicos, para el A.C.S. del conjunto.

La radiación solar penetra hasta lo más profundo de las viviendas.

Captores solares fotovoltaicos.

Calefacción por medio de radiadores eléctricos con tarifa nocturna.

La tela metálica permite el paso de la radiación solar en invierno.

En invierno se cierran las compuertas superiores de las ventanas para entiar que se escape el aire caliente de las viviendas.

Cubierta ajardianada.

El calor se acumula en los forjados y paredes de alta inercia térmica y mantiene caliente la vivienda durante el día y durante la noche sin apenas consumo energético.

En invierno, la doble piel de vidrio del norte actua como un eficaz sistema de aislamiento y permite las vistas.

Debido a los materiales elegidos, los muros transpiran de forma natural y continua, lo que permite la ventilación natural, sin pérdidas energéticas.

Ventilación natural del sótano.

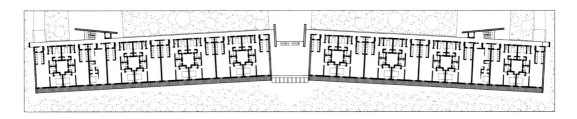

THIRD AND FOUR FLOOR PLAN

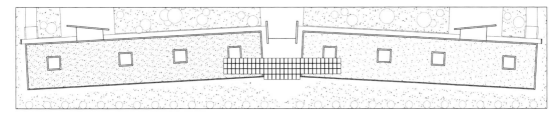

ROOF PLAN

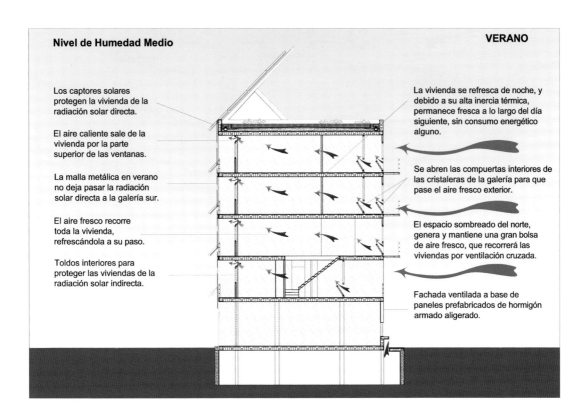

Nivel de Humedad Medio

VERANO

Los captores solares protegen la vivienda de la radiación solar directa.

El aire caliente sale de la vivienda por la parte superior de las ventanas.

La malla metálica en verano no deja pasar la radiación solar directa a la galería sur.

El aire fresco recorre toda la vivienda, refrescándola a su paso.

Toldos interiores para proteger las viviendas de la radiación solar indirecta.

La vivienda se refresca de noche, y debido a su alta inercia térmica, permanece fresca a lo largo del día siguiente, sin consumo energético alguno.

Se abren las compuertas interiores de las cristaleras de la galería para que pase el aire fresco exterior.

El espacio sombreado del norte, genera y mantiene una gran bolsa de aire fresco, que recorrerá las viviendas por ventilación cruzada.

Fachada ventilada a base de paneles prefabricados de hormigón armado aligerado.

Residential complex Sayab

(Awarded as the most ecological residential complex in the
Americas, by the "Fundación América Sostenible")
2006-2015
I.C. Prefabricados
Cali. Colombia
38.942'75 m^2
15.800.000.000 pesos

1. Architectural solution

The project objective is to identify a new type of housing
stratum 4 in Colombia (social housing in Spain) able to meet
all the expectations and needs of disadvantaged people.

The area has a high buildability so the compactness of the
solution is ensured by the municipal legislation itself. On
the other hand, one of the objectives of the project is to
create a green spaces area bigger than the initial lot surface.

The complex consists of 4 blocks of homes and stores, a
parking lot which spans the entire surface of the area, and
all sorts of common social and recreational areas (including
two pools). The four blocks are slightly different and with different housing typologies, in order to provide a large varity
of housing types to customers.

To start 345 housing units of two basic types: single-storey
dwellings (with an approximate floor area of 70 m^2) and
two-storey apartments (with an approximate floor area of
100 m^2) were planned.

1. Solución arquitectónica

El objetivo del proyecto es identificar una nueva tipología
de vivienda estrato 4 en Colombia (vivienda social en España) capaz de satisfacer todas las expectativas y necesidades de las personas menos favorecidas.

El solar elegido tiene una elevada edificabilidad por lo que
el carácter compacto de la solución viene asegurado desde la propia normativa municipal. Por otro lado, uno de los
objetivos del proyecto es crear espacios verdes con una
superficie superior a la del solar inicial.

El complejo residencial consta de 4 bloques de viviendas
y locales comerciales, un aparcamiento que ocupa toda la
superficie del solar, y todo tipo de zonas comunes sociales
y lúdicas (incluyendo dos piscinas). Los cuatro bloques son
ligeramente diferentes entre sí y con tipologías de vivienda
diferentes, con la finalidad de ofrecer la mayor cantidad posible de tipologías de vivienda a los clientes.

En principio se han proyectado 345 viviendas, de dos tipos
básicos: viviendas de una sola planta (con una superficie
construida aproximada de 70 m^2 construidos), y viviendas
de dos plantas (con una superficie construida aproximada
de 100 m^2).

To maximize the allowable building area, and minimize the impact of the price of the land on the housing, the building has been concentrated in 4 blocks, facing east-west. Each of these blocks is formed, in turn, by the union of two linear blocks, separated by an enclosed courtyard. This ensures that direct sunlight can not penetrate the housing, and therefore does not overheat by greenhouse effect.

Each block has two vertical communication areas, and access to different houses is eased through perimeter galleries around the central covered courtyard.

The blocks have a very simple architectural structure, to minimize costs and maximize efficiency of the process of prefabrication of components. Despite this supposed simplicity, there are no two identical houses in the housing complex, as all the facades are different from each other, and therefore, all homes have different balconies. To emphasize this difference, and differentiate it from the simplicity of the blocks, the balconies are painted with different colors.

Para aprovechar al máximo la edificabilidad permitida, y reducir al máximo la repercusión del precio del solar en las viviendas, se ha concentrado la construcción en 4 bloques, con orientación E-O. Cada uno de estos bloques esta formado, a su vez, por la unión de dos bloques lineales, separados entre si por un patio cubierto. De este modo, se garantiza que la radiación solar directa no pueda penetrar al interior de las viviendas, y por tanto, no se recalienten por efecto invernadero.

Cada bloque dispone de dos núcleos de comunicación vertical, y el acceso a las diferentes viviendas se realiza a través de galerías perimetrales, alrededor del patio central cubierto.

Los bloques tienen una estructura arquitectónica muy sencilla, con el fin de reducir al máximo los costes, y sacar el máximo rendimiento al proceso de prefabricación de sus componentes. A pesar de esta pretendida sencillez, no hay dos viviendas iguales en todo el complejo, ya que todas las fachadas son distintas entre sí, y por lo tanto, todas las viviendas tienen balcones diferentes. Para acentuar esta diferencia, y diferenciarla de la simplicidad de los bloques, los balcones se han pintado con colores diferentes.

The blocks are perforated in several places of the facade, as "sky-courts" at different heights which provide transparency. Furthermore, these courts generate a set of cool microclimates in the building, and enhance the neighborhood and cohabitation relationships. The interior of the building generates and maintains a large pocket of fresh air, that flows through the homes, cooling them in its path.

The complex has 4 types of green areas, in different locations: the exterior of the blocks, the inner courtyard of the blocks, the perimeter yards between the houses, and the roofs of the blocks.

The houses are flexible and allow for different architectural structures, to meet the particular needs of each prospective occupant.

(Note: Luis De Garrido carried this project out with great attention to detail and provided detailed information to the construction company, however, due to poor qualifications

Los bloques están perforados por varios sitios de la fachada, a modo de patios cubiertos a diferentes alturas, que proporcionan transparencia al conjunto. Además, estos patios generan un conjunto de microclimas frescos en el edificio, y potencian las relaciones vecinales y de convivencia *(sky courts)*. El interior de los bloques genera y mantiene una gran bolsa de aire fresco, que recorrerá todas las viviendas, refrescándolas a su paso.

El complejo residencial tiene 4 tipos de zonas verdes, ubicadas en lugares diferentes: el exterior de los bloques, el patio interior de los bloques, los patios perimetrales entre las viviendas, y las cubiertas de los bloques.

Las viviendas son flexibles, y permiten diferentes estructuras arquitectónicas, para satisfacer las necesidades particulares de cada posible ocupante.

(Nota: Luis De Garrido ha realizado este proyecto con todo lujo de detalles y ha proporcionado todo tipo de informa-

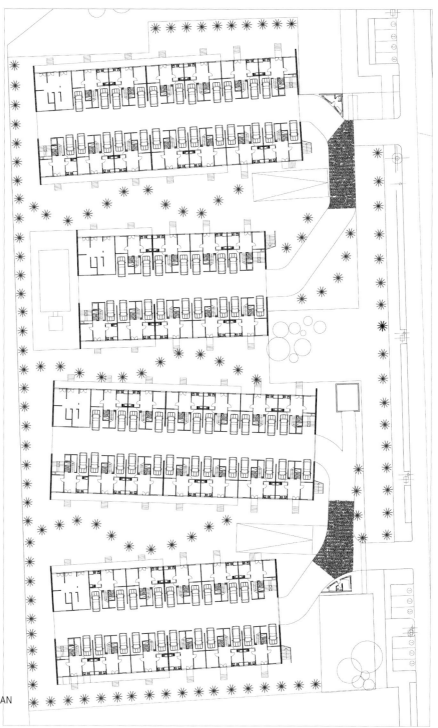

N

LOCATION PLAN

of the technical team and sales manager of the construction company, together with the internal executive control dispersion of the company, changes were made in the construction phase of the planned buildings, unauthorized by Luis De Garrido, that significantly devalued both the original objectives, as the ecological characteristics of complex residential).

Despite the stated above, the resort was awarded the gold medal, as the most ecological residential complex of 2011, by "Fundación America Sostenible"

2. Ecological Analysis

The conceptual design of *Sayab*, despite the changes in its construction, has the highest ecological level that has been achieved so far in the construction of social housing, due to the following reasons:

ción a la empresa constructora. No obstante, debido a la mala cualificación del equipo técnico y del responsable de ventas de la empresa constructora, y la dispersión del control ejecutivo de la propia empresa, se han realizado cambios en la fase de construcción de los edificios proyectados. Cambios no autorizados por Luis De Garrido, y que devalúan de forma importante tanto los objetivos iniciales, como las características ecológicas del complejo residencial).

A pesar de lo declarado en el apartado anterior, el complejo ha sido galardonado con la medalla de oro, como complejo residencial mas ecológico del año 2011, por la "Fundación América Sostenible".

2. Análisis ecológico

El diseño conceptual de Sayab, pese a los cambios efectuados en su construcción, tiene el mayor nivel ecológico que se haya podido alcanzar hasta el momento en la construcción de viviendas sociales, debido a los siguientes motivos:

1. Optimización de recursos
1.1. Recursos Naturales. Se aprovechan al máximo recursos tales como el sol, la brisa, la tierra (para refrescar la edificio), el agua de lluvia (almacenada en depósitos subterráneos y utilizada para el riego de los jardines)... Por otro lado, se han instalado dispositivos economizadores de agua en los grifos, duchas y cisternas de los inodoros.

1.2. Recursos fabricados. Los materiales empleados se aprovechan al máximo, disminuyendo posibles residuos, mediante un correcto proyecto, una gestión eficaz, y sobre todo, porque cada componente del edificio se ha construido de forma individual en fábrica.

1.3. Recursos recuperados, reutilizados y reciclados.
Todos los materiales del edificio pueden ser recuperables, incluidos todos los elementos de la estructura. De este modo, se pueden reparar fácilmente, y volverse a utilizar en el mimo edificio, o en cualquier otro. Por otro lado, se ha potenciado la utilización de materiales reciclados y reciclables.

1. Resource Optimization

1.1. Natural Resources. Resources are maximized such as the sun, the wind, the earth (to cool the building), rainwater (stored in underground tanks and used for garden irrigation). In addition, water saving devices on faucets, showers and flushing toilets, have been installed.

1.2. Man-made resources. The materials used are maximized, reducing potential waste through proper project planning, effective management, and above all, because each component of the building was constructed in different factories.

1.3. Recovered, reused and recycled resources.
All the building materials may be recoverable, including all elements of the structure. Thus, they can be easily repaired and reused in the same building, or elsewhere. While at the same time promoting the use of recycled and recyclable materials.

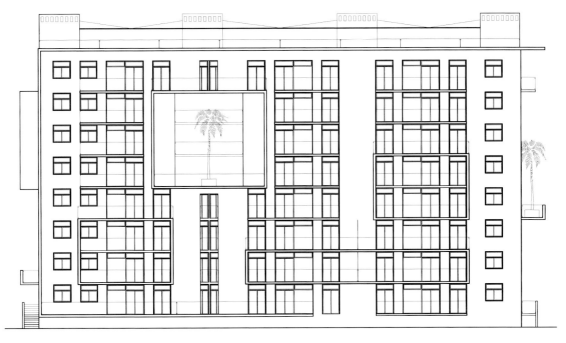

WEST ELEVATION

2. Reduction of energy consumption

2.1. Construction.

The building is constructed with minimal energy consumption. The materials used were manufactured with a minimum amount of energy, as all components are factory built, with absolute control. Moreover, the building is constructed with few auxiliary resources, being fully industrialized.

2.2. Use.

Due to its bioclimatic characteristics, the building has a very low energy consumption (it is estimated that houses will consume only 20% conventional houses consumption, with a similar surface). It should be noted that the houses do not need artificial lighting while there is sun, and the lighting of common areas is LED based.

2. Disminución del consumo energético

2.1. Construcción.

El edificio se ha construido con un consumo energético mínimo. Los materiales utilizados se han fabricado con una cantidad mínima de energía, ya que todos sus componentes se realizan en fábrica, con un control absoluto. Por otro lado, el edificio se construye con muy pocos recursos auxiliares, por estar completamente industrializado.

2.2. Uso.

Debido a sus características bioclimáticas, el edificio tiene un consumo energético muy bajo (se estima que las viviendas consumirán apenas un 20% de lo que consumen las viviendas convencionales, con una superficie similar). Hay que hacer constar que las viviendas no necesitan iluminación artificial mientras haya sol, y que la iluminación de las zonas comunes es a base de leds.

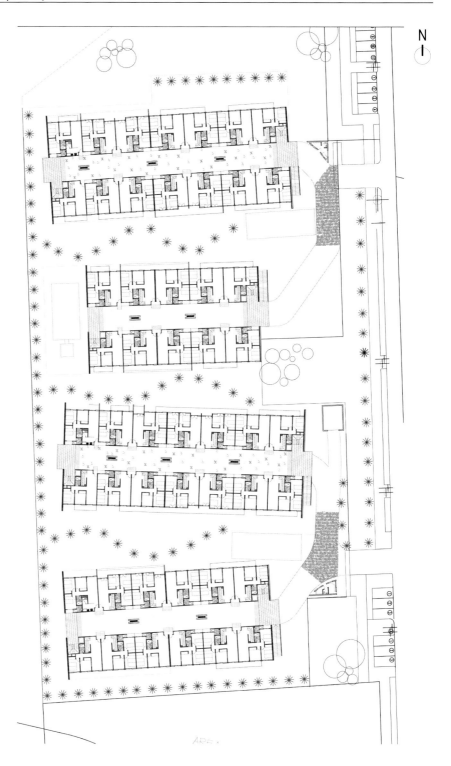

FIRST FLOOR PLAN

2.3. Dismantling
The majority of the materials used can be easily recovered. Furthermore, the building has been designed to have indefinite durability, given that the building's components are easily recoverable, repairable and replaceable.

3. Use of alternative energy sources
The energy used to cool the air inside patio is architectural-geothermal (air refresher system taking advantage of low temperatures existing underground galleries on the lower floor slab of the building). So there is no energy consumption in cooling.

4. Reduction of waste and emissions
The building does not generate any emissions, and does not generate any waste, except for organic waste.

5. Improving health and welfare
All materials used are environmentally friendly and healthy and do not have any emissions that affect human health. Similarly, the building is naturally ventilated, and maximizes the use of natural lighting, creating a healthy environment and provides the best possible quality of life for its occupants.

2.3. Desmontaje
La gran mayoría de los materiales utilizados pueden recuperarse con facilidad. Por otro lado, el edificio se ha proyectado para que tenga una durabilidad indefinida, ya que todos los componentes del edificio son fácilmente recuperables, reparables y sustituibles.

3. Utilización de fuentes energéticas alternativas
La energía utilizada para refrescar el aire del patio interior es de origen geotérmico (sistema de refresco del aire aprovechando las bajas temperaturas existentes bajo tierra, en las galerías inferiores al forjado sanitario del edificio). Por lo que no tiene consumo energético.

4. Disminución de residuos y emisiones
El edificio no genera ningún tipo de emisiones, y tampoco genera ningún tipo de residuos, excepto orgánicos.

5. Mejora de la salud y el bienestar humanos
Todos los materiales empleados son ecológicos y saludables, y no tienen ningún tipo de emisiones que puedan afectar la salud humana. Del mismo modo, el edificio se ventila de forma natural, y aprovecha al máximo la iluminación natural, lo que crea un ambiente saludable y proporciona la mejor calidad de vida posible a sus ocupantes.

6. Reduced price of the building and maintenance
The building was designed rationally, eliminating super-fluous, unnecessary extra or gratuitous costs, allowing the construction to be carried out at a conventional price, des-pite the ecological equipment incorporated.

3. Bioclimatic Features

1. Natural cooling
The building is cooled by itself in three ways:

1.1. Avoiding being heated. The building complex is located near Ecuador, with a tropical climate. This is the reason why all windows have been arranged facing north and south (no windows on the east and west so that there is no direct sunlight in the mornings and evenings). All over-hangings and balconies are located on the north and south sides, to protect windows from direct sunlight. Finally, all facade walls have high thermal insulation.

1.2. Cooling through an architectural system of air cooling, using a set of underground galleries. Air enters under the side overhangs the north and south (against the rain and sun) to a set of labyrinthine galleries inside the building, where it is cooled considerably. Once cooled, the air enters the shaded courtyard, and finally flows though the houses cooling them by its path. On the other hand, due to the high thermal inertia of the building, it is cooled overnight and remains cool during almost the entire day.

1.3. Evacuating the hot air outside the building. Through a set of solar chimneys located on the upper covered cour-tyard.

2. Cool accumulation system
The cool generated during the night in summer (for natural ventilation and outside due to lower temperature) is accu-mulated in the high thermal inertia floors and interior walls. Thus the houses remain cool throughout the day, with no energy consumption. During the day, the houses are not heated, due to the natural cooling systems used.
The roof garden (with about 25 cm. of soil) with high ther-mal inertia, plus adequate insulation, helps to maintain sta-ble temperatures inside the houses.

3. Cool transfer systems
The cool air rises through the central courtyard and into each of the housing through a set of vents located on the

6. Disminución del precio del edificio y su mantenimiento
El edificio ha sido proyectado de forma racional, eliminando partidas superfluas, innecesarias o gratuitas, lo cual permi-te su construcción a un precio convencional, a pesar del equipamiento ecológico que incorpora.

3. Características bioclimáticas

1. Sistemas de generación de fresco
El edificio se refresca por sí mismo, de tres modos:
1.1. Evitando calentarse. El conjunto de edificios se en-cuentra ubicado cerca del ecuador, y en clima tropical. Por ello, se han dispuesto todas las ventanas con orientación norte y sur (no hay ventanas al este y oeste para que no entre radiación solar directa por las mañanas y las tardes). Todos los voladizos y balcones se han situado al norte y sur, para proteger las ventanas de la radiación solar directa. Por último, todos los muros de fachada disponen de un alto aislamiento térmico.

1.2. Refrescándose. Mediante un sistema de enfriamiento arquitectónico de aire, utilizando un conjunto de galerías subterráneas. El aire entra por debajo de los voladizos la-terales del norte y del sur (protegiéndose de la lluvia y del sol) a un conjunto de galerías laberínticas en el interior del edificio, en donde se enfría de forma considerable. Una vez enfriado, el aire entra al patio central sombreado, donde se mantiene fresco, atravesando todas las viviendas. Por otro lado, debido a la alta inercia térmica del edificio, el edificio se enfría a lo largo de toda la noche, y permanece fresco a lo largo del día siguiente.

front of the central courtyard. The fresh air flows through all the rooms of the perimeter housing through the vents of interior doors. Heated air rises and escapes through the top of the windows of the perimeter walls, and through a set of solar chimneys located on the roof garden.

4. Natural ventilation

The ventilation of the building is continuous and natural, through the perimeter walls, allowing adequate ventilation without energy loss. This type of ventilation is possible since all materials are breathable (ceramic, cement-lime mortar, paint silicates), although the set has a completely hydrophobic behavior.

1.3. Evacuando el aire caliente al exterior del edificio. Por medio de un conjunto de chimeneas solares ubicadas en la parte superior del patio central cubierto.

2. Sistemas de acumulación de fresco

El fresco generado durante la noche (por ventilación natural y debido al descenso exterior de la temperatura) se acumula en los forjados y en los muros de carga interiores de alta inercia térmica. De este modo el edificio permanece fresco durante todo el día, sin consumo energético alguno.

La cubierta ajardinada (con unos 25 cm. de tierra) de alta inercia térmica, además de un adecuado aislamiento, ayuda en mantener estables las temperaturas del interior del edificio, en invierno y en verano.

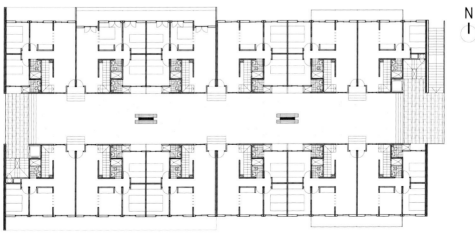

FIRST FLOOR PLAN. BUILDING A

4. Highlights Innovations

- Fully industrialized building system, including the supporting structure, based on precast reinforced concrete.
- The construction system used allows the maximum possible ecological level, since it involves the least possible energy consumption and least waste generation and emissions possible, given that they can have an infinite life cycle, all building components can be recovered, repaired and reused.
- Achieving a perfect balance between the need to provide

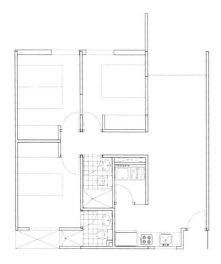

DWELLING TYPE B

3. Sistemas de transferencia de aire fresco

Las chimeneas solares succionan el aire del interior del patio central de los bloques. De este modo se crean unas corrientes de aire ascendentes que obligan que el aire fresco del patio interior recorra todas las viviendas circundantes.

4. Ventilación natural

La ventilación de las viviendas se hace de forma natural y continuada, a través de las rejillas de las puertas de acceso y las puertas de paso del interior de la vivienda. Del mismo modo, la vivienda transpira a través de los muros exteriores, lo que permite una ventilación natural, sin pérdidas energéticas.

4. Innovaciones más destacadas

- Sistema constructivo completamente industrializado, incluyendo la estructura portante, a base de elementos prefabricados de hormigón armado.
- El sistema constructivo utilizado permite el máximo nivel ecológico posible, ya que implica el menor consumo energético posible y la menor generación de residuos y emisiones posible, ya que su ciclo de vida puede llegar a ser infinito, dado que todos los componentes de los edificios pueden recuperarse, repararse y reutilizarse.
- Se ha logrado un perfecto equilibrio entre la necesidad de dotar al edificio de una gran masa térmica, y el deseo de poder recuperar y reutilizar todos y cada uno de sus

N

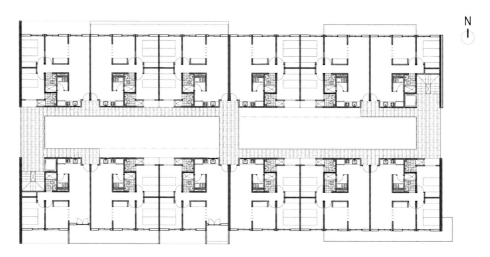

SECOND FLOOR PLAN. BUILDING A

the building with a large thermal mass, and the desire to recover and reuse every one of its components. Therefore, a system based on structural reinforced concrete slabs has been chosen. These slabs are joined together by spot welds on metallic elements and embedded in the concrete mass of each architectural element.

- Despite being an isostatic structure, and is very stable when absorbing movements perfectly embedded in the nodes, it behaves well, due to its special interlaced design. Thus, it can deal with all kinds of vertical, horizontal and random external actions (It has a perfect performance against earthquakes).

componentes. Por ello, se ha elegido un sistema estructural a base de placas de hormigón armado, de gran tamaño. Estas placas se ensamblan entre si mediante puntos de soldadura en elementos metálicos empotrados y maclados en la masa de hormigón de cada elemento arquitectónico.

- A pesar de ser una estructura isostática, y de tener una muy reducida capacidad de absorber momentos de empotramiento perfecto en los nudos, se comporta perfectamente, debido a su especial diseño entrelazado. De este modo, puede hacer frente a todo tipo de acciones exteriores verticales, horizontales y aleatorias (tiene un comportamiento perfecto frente a sismos).

N

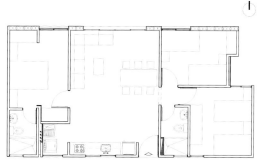

DWELLING TYPE C

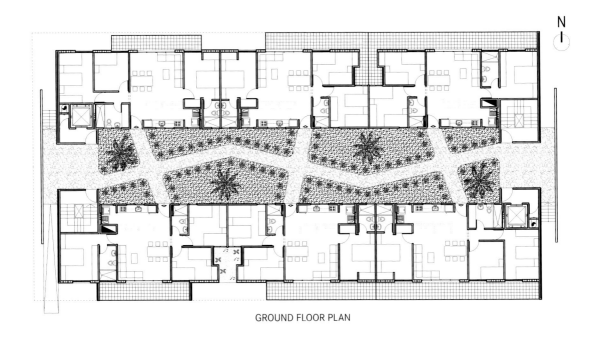

GROUND FLOOR PLAN

FIFTH FLOOR PLAN

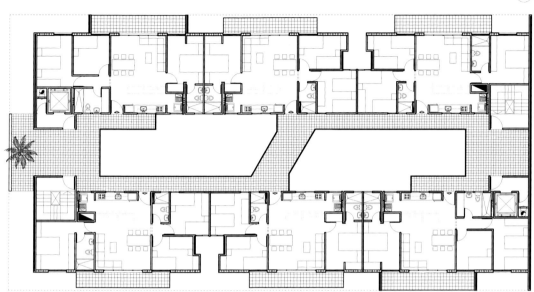

THIRD FLOOR PLAN

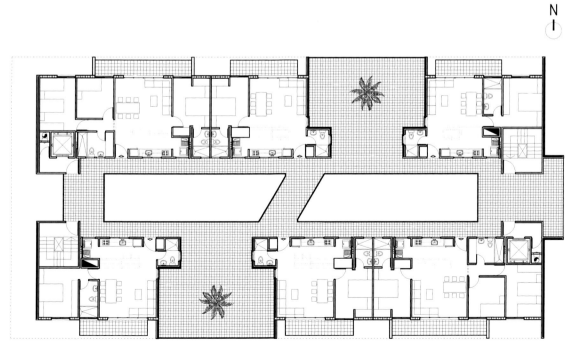

FOUR FLOOR PLAN

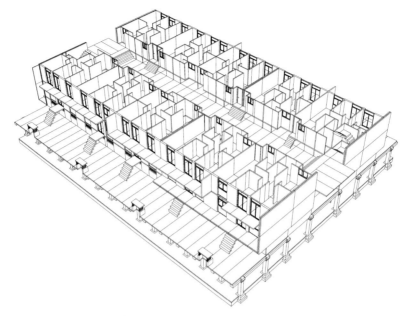

BASEMENT + GROUND FLOOR + FIRST FLOOR

N

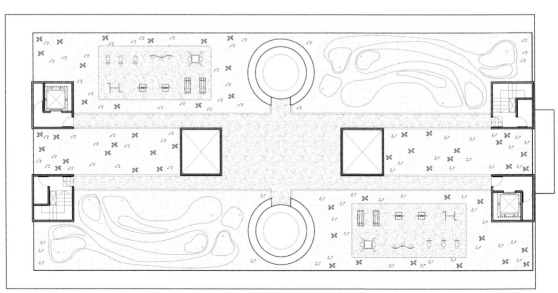

ROOF PLAN

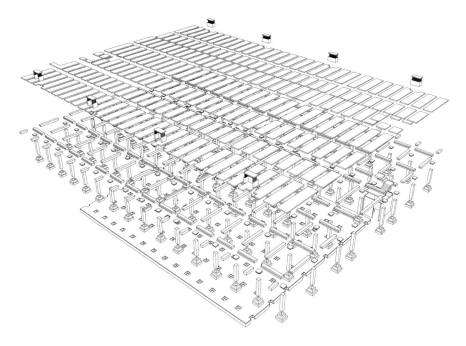

FOUNDATION + BASEMENT

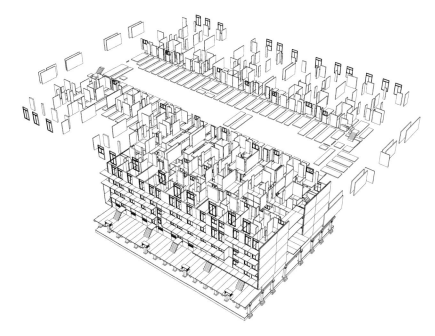

SECOND + THIRD + FOUR FLOOR

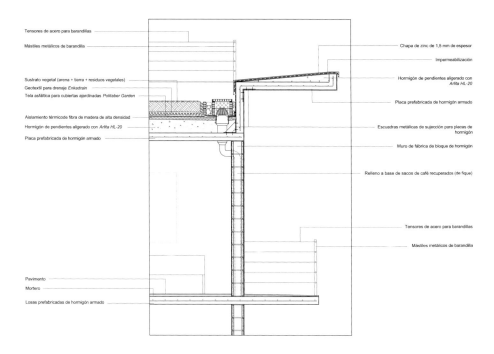

Tensores de acero para barandillas
Mástiles metálicos de barandilla

Sustrato vegetal (arena + tierra + residuos vegetales)
Geotextil para drenaje *Enkadrain*
Tela asfáltica para cubiertas ajardinadas *Politaber Garden*
Aislamiento térmicode fibra de madera de alta densidad
Hormigón de pendientes aligerado con *Arlita HL-20*
Placa prefabricada de hormigón armado

Pavimento
Mortero
Losas prefabricadas de hormigón armado

Chapa de zinc de 1,5 mm de espesor
Impermeabilización
Hormigón de pendientes aligerado con *Arlita HL-20*
Placa prefabricada de hormigón armado
Escuadras metálicas de sujección para placas de hormigón
Muro de fábrica de bloque de hormigón
Relleno a base de sacos de café recuperados (de fique)
Tensores de acero para barandillas
Mástiles metálicos de barandilla

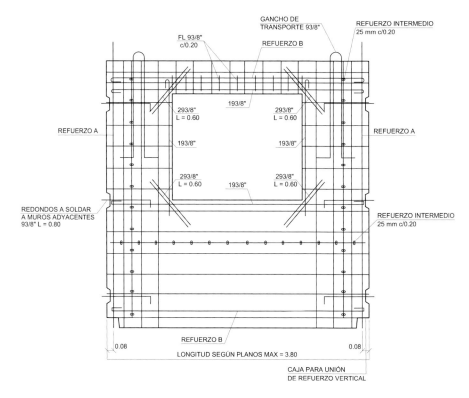

GANCHO DE TRANSPORTE 93/8"
REFUERZO INTERMEDIO 25 mm c/0.20
FL 93/8" c/0.20
REFUERZO B
REFUERZO A
REFUERZO A
293/8" L = 0.60
193/8"
293/8" L = 0.60
193/8"
193/8"
293/8" L = 0.60
193/8"
293/8" L = 0.60
REDONDOS A SOLDAR A MUROS ADYACENTES 93/8" L = 0.80
REFUERZO INTERMEDIO 25 mm c/0.20
0.08
REFUERZO B
0.08
LONGITUD SEGÚN PLANOS MAX = 3.80
CAJA PARA UNIÓN DE REFUERZO VERTICAL

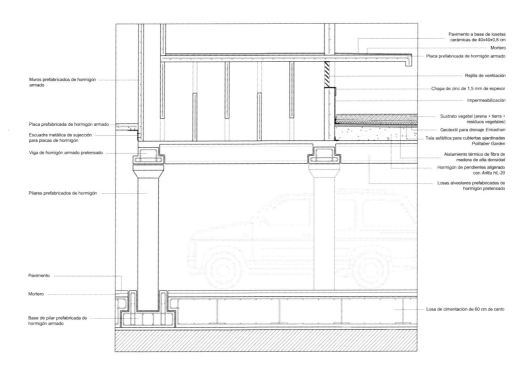

Pavimento a base de losetas
cerámicas de 40x40x0,8 cm

Mortero

Placa prefabricada de hormigón armado

Muros prefabricados de hormigón
armado

Rejilla de ventilación

Chapa de zinc de 1,5 mm de espesor

Impermeabilización

Sustrato vegetal (arena + tierra +
residuos vegetales)

Placa prefabricada de hormigón armado

Geotextil para drenaje Enkadrain

Escuadra metálica de sujeción
para placas de hormigón

Tela asfáltica para cubiertas ajardinadas
Politaber Garden

Viga de hormigón armado pretensado

Aislamiento térmico de fibra de
madera de alta densidad

Hormigón de pendientes aligerado
con Arlita HL-20

Losas alveolares prefabricadas de
hormigón pretensado

Pilares prefabricados de hormigón

Pavimento

Mortero

Losa de cimentación de 60 cm de canto

Base de pilar prefabricada de
hormigón armado

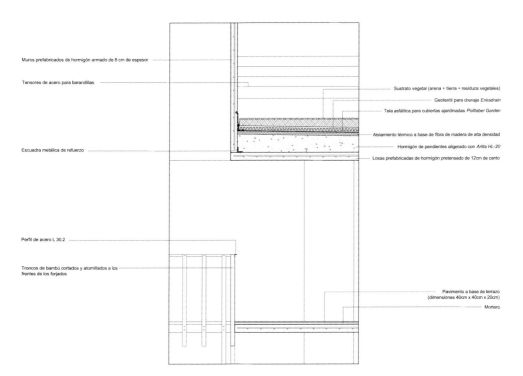

Muros prefabricados de hormigón armado de 8 cm de espesor

Tensores de acero para barandillas

Sustrato vegetal (arena + tierra + residuos vegetales)

Geotextil para drenaje Enkadrain

Tela asfáltica para cubiertas ajardinadas Politaber Garden

Aislamiento térmico a base de fibra de madera de alta densidad

Escuadra metálica de refuerzo

Hormigón de pendientes aligerado con Arlita HL-20

Losas prefabricadas de hormigón pretensado de 12cm de canto

Perfil de acero L 30.2

Troncos de bambú cortados y atornillados a los
frentes de los forjados

Pavimento a base de terrazo
(dimensiones 40cm x 40cm x 20cm)

Mortero

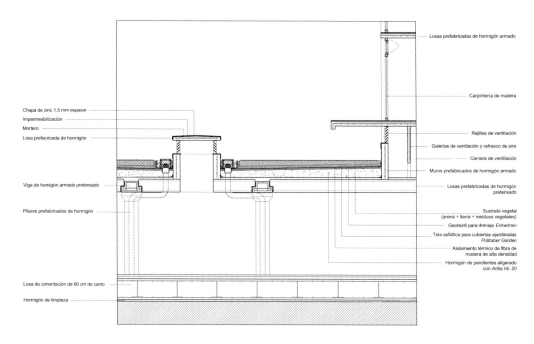

Chapa de zinc 1,5 mm espesor
Impermeabilización
Mortero
Losa prefacricada de hormigón

Viga de hormigón armado pretensado

Pilares prefabricados de hormigón

Losa de cimentación de 60 cm de canto

Hormigón de limpieza

Losas prefabricadas de hormigón armado

Carpintería de madera

Rejillas de ventilación
Galerías de ventilación y refresco de aire
Cámara de ventilación
Muros prefabricados de hormigón armado
Losas prefabricadas de hormigón pretensado
Sustrato vegetal (arena + tierra + residuos vegetales)
Geotextil para drenaje Enkadrain
Tela asfáltica para cubiertas ajardinadas Politaber Garden
Aislamiento térmico de fibra de madera de alta densidad
Hormigón de pendientes aligerado con Arlita HL-20

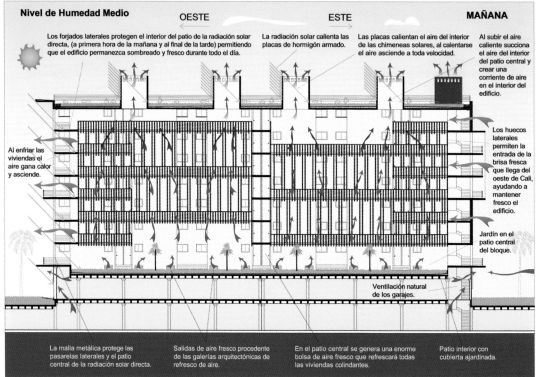

Nivel de Humedad Medio

OESTE   ESTE   MAÑANA

Los forjados laterales protegen el interior del patio de la radiación solar directa, (a primera hora de la mañana y al final de la tarde) permitiendo que el edificio permanezca sombreado y fresco durante todo el día.

La radiación solar calienta las placas de hormigón armado.

Las placas calientan el aire del interior de las chimeneas solares, al calentarse el aire asciende a toda velocidad.

Al subir el aire caliente succiona el aire del interior del patio central y crear una corriente de aire en el interior del edificio.

Al enfriar las viviendas el aire gana calor y asciende.

Los huecos laterales permiten la entrada de la brisa fresca que llega del oeste de Cali, ayudando a mantener fresco el edificio.

Jardín en el patio central del bloque.

Ventilación natural de los garajes.

La malla metálica protege las pasarelas laterales y el patio central de la radiación solar directa.

Salidas de aire fresco procedente de las galerías arquitectónicas de refresco de aire.

En el patio central se genera una enorme bolsa de aire fresco que refrescará todas las viviendas colindantes.

Patio interior con cubierta ajardinada.

SUR

NORTE

La radiación solar calienta las chimeneas solares de placas de hormigón armado prefabricado.

Al calentarse las placas se calienta el aire en su interior que asciende a toda velocidad extrayendo el aire del interior del patio.

Los toldos protegen las viviendas de la radiación solar indirecta.

El aire fresco se va calentando y asciende.

El aire cruza un amplio espacio laberíntico y se enfría considerablemente.

El aire exterior entra en unas exclusas.

Extractor de aire de los garajes.

Cerca del ecuador el sol se encuentra casi en la vertical.

El patio sombreado genera y mantiene una gran bolsa de aire fresco.

El edificio se refresca de noche y, debido a su alta inercia térmica, permanece fresco durante el día siguiente sin consumo energético alguno.

Los balcones protegen el edificio de la radiación solar directa.

Muros perimetrales a base de bloques de hormigón con 10 cm de aislamiento (sacos de café).

El aire fresco entra a las viviendas laterales por las rejillas inferiores de puertas y ventanas.

El aire fresco entra al patio interior del edificio.

El aire caliente de cada apartamento sale por la parte superior de las ventanas.

Pulverizadores de agua.

Debido a los materiales elegidos, los muros transpiran de forma natural y continua, lo que permite la ventilación natural, sin pérdidas energéticas.

Todo el edificio se ha construido a base de placas prefabricadas de hormigón armado de 8 cm, lo que proporciona una gran inercia térmica al conjunto.

Los voladizos protegen al edificio de la radiación solar directa y crean unas bolsas de aire fresco en los laterales del edificio.

El aire fresco recorre un conjunto de galerías semienterradas y se refresca al menos unos 5º C respecto al aire fresco exterior.

El aire exterior entra a un sistema de esclusas situadas entre la planta baja y la planta sótano.

Residential Complex "Lliri Blau"

2003
Massalfassar. Valencia. Spain
12.446'93 m²
6.236.350 euro

1. Architectural solution

The aim of *Lliri Blau* ("Blue Lily" in Catalan) is to develop a residential complex capable of meeting the housing demands of any social stratum and to encourage harmonious and creative coexistence between them. All with the greatest ecological level and at the lowest possible price.
Lliri Blau is located on the outskirts of a small town near Valencia, and is perfectly integrated into the urban structure, according to the current ordinances. Thus the residents of the residential complex have a high level of self-sufficiency and independence, and at the same time have all services provided by the municipality (health center, school, police, markets, pharmacies, nurseries, etc ...).
The architectural structure of the complex is based on the arrangement of several longitudinal blocks, aligned along an axis east-west, and conveniently separated in order that solar radiation can penetrate all houses, and place green areas social and recreational spaces among them.
The blocks are reduce in scale as they move away from the urban area of the municipality. The nearest blocks are the highest and the farthest blocks are lower and fragmented, in order to make a smooth transition between the compact urban structure of the town and non buildable rural areas.

1. Solución arquitectónica

El objetivo de *Lliri Blau* ("Lirio azul" en catalán) es realizar un complejo residencial capaz de satisfacer las demandas de vivienda de cualquier tipo de estrato social y de estimular la convivencia armónica y creativa entre ellos. Todo ello con el mayor nivel ecológico y al menor precio posible.
Lliri Blau está ubicado en la periferia de un pequeño municipio cercano a Valencia, y queda perfectamente integrado en su trama urbana, de acuerdo a las ordenanzas en vigor. De este modo los vecinos del complejo residencial tienen un elevado nivel de autosuficiencia y de independencia, y al mismo tiempo tienen todos los servicios proporcionados por el municipio (centro de salud, colegio, policía, mercados, farmacias, guarderías, etc...).
La estructura arquitectónica del complejo se basa en la disposición de varios bloques longitudinales, alineados respecto del eje este-oeste, y separados convenientemente con la finalidad de que la radiación solar pueda acceder a todas las viviendas, y para ubicar las zonas verdes y los espacios sociales y lúdicos entre ellos.
Los bloques van reduciendo su escala conforme se alejan de la trama urbana del municipio. Los bloques más cercanos son los más altos, y los bloques más lejanos son más bajos y atomizados, con el fin de realizar una correcta transición entre la trama urbana compacta del municipio y el espacio rural no edificable.

Higher blocks are separated by a distance to ensure that solar radiation penetrates all houses in winter, thereby lighting and warming houses naturally. To achieve this, while maximizing the degree of urban benefit permitted by law, the location of mandatory assignments of average urban benefits to public administration has been properly chosen. Instead of giving the 15% average urban benefits (15% of total soil) at an arbitrary site, its location has been carefully chosen between projected linear blocks. Thus a proper separation between them is guaranteed, and "privatizes" the assigned space.

Los bloques más altos se han separado entre sí una distancia tal que garantice que la radiación solar penetre a todas las viviendas en invierno, para que de este modo se iluminen y se calienten de forma natural. Para lograr esto, y a la vez maximizar el grado de aprovechamiento permitido por la normativa, se ha jugado con la ubicación de las cesiones obligatorias del aprovechamiento medio a la administración pública. En lugar de ceder el 15% de aprovechamiento medio en un sitio arbitrario, se ha elegido cuidadosamente su ubicación entre los bloques lineales proyectados. De este modo se garantiza una separación adecuada entre ellos, y se "privatiza" el espacio cedido.

El espacio cedido esta destinado a zonas verdes comunes, pero dado que se encuentran ubicadas entre dos bloques muy cercanos, los vecinos ajenos a la urbanización se sienten intimidados, y no las usan. De este modo, la urbanización ha "acaparado" estos espacios públicos, para su propio uso y disfrute. Los espacios públicos se han dividido en dos, y se mantienen separados por la zona verde privada, en donde se encuentra la piscina cubierta privada. Esto ha incrementado la "privatización" de los jardines públicos.

La estructura arquitectónica de los diferentes bloques es muy flexible y más que de "bloques de viviendas" se puede hablar de "contenedores de espacios". En este sentido se ha utilizado una estructura compositiva modular, de tal modo que cualquier comprador elige la cantidad de mó-

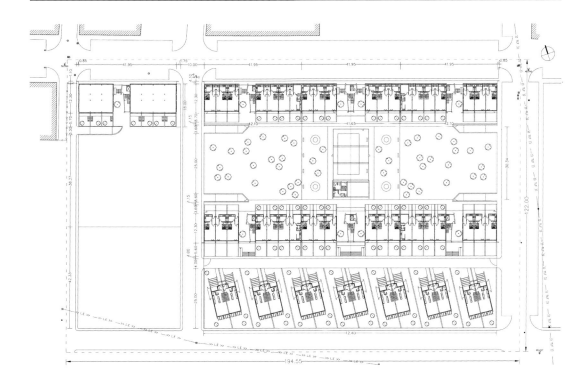

The assigned space is destined to green areas, but since they are located between two close blocks, residents outside the urbanization are nudged not to use them. Thus, *Lliri Blau* residential complex has "captured" these public spaces for their own enjoyment. The public spaces are divided into two, and kept separate from the private parkland that holds a private indoor pool. This has increased the "privatization" of public gardens.

The architectural structure of the different blocks is very flexible and rather than "residential blocks" we can speak of "space containers". In this sense a modular compositional structure has been used, so that any buyer chooses the number of modules he wants to buy to set his home according to his purchasing power. As a result 17 different types of housing, with different surfaces in different blocks of the complex have been set up.

The different blocks have a linear type, with inner holes (called "skycourts"). These perforations are different microclimates of coexistence that encourage social relationships and create outdoor spaces with a nicer temperature (warmer in winter and cooler in summer).

dulos que desea comprar para configurar su vivienda de acuerdo con su poder adquisitivo. Como resultado se han creado hasta 17 tipologías diferentes de viviendas con diferente superficie en los diferentes bloques del complejo.

Los diferentes bloques tienen una tipología lineal, con perforaciones interiores (denominadas "patios en el cielo").

On the other hand drilling blocks ensure that all houses have three facades (south facade, north facade and facade to skycourts), ensuring maximum comfort and natural lighting. The different houses are detached two by two and joined by external communication galleries located north of each block. These galleries generate and maintain a large pocket of fresh air that flows through the houses cooling them in its path.

Estas perforaciones forman distintos microclimas de convivencia que estimulan las relaciones sociales y crean espacios exteriores con una temperatura más agradable (más calientes en invierno y más frescos en verano).

Por otro lado las perforaciones de los bloques aseguran que todas las viviendas tengan tres fachadas (fachada sur, fachada norte y fachada a los patios en el cielo), asegurando el máximo nivel de confort e iluminación natural. Las

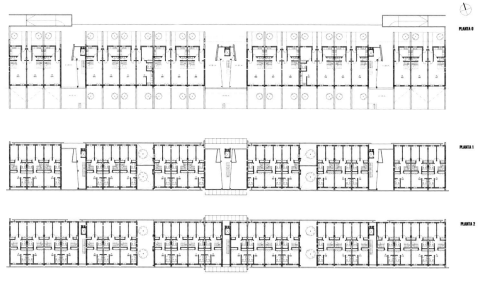

FLOOR PLANS 0, 1, 2

The first line of residential complex consists of a group of twin houses. The typology of these homes allows even the rear facing rooms to have an ample level of natural lighting. In total 17 different types of houses in the residential complex have been designed: simplex apartments of 2, 3 and 4 bedroom duplex apartments of various bedrooms and triplex 4 bedroom apartments and 4 bedroom and three story townhouses.

Lliri Blau residential complex has recreational and sports facilities (gym, - solar energy heated pool with geothermal heat pump), meeting areas, gardens, cultivated areas, shopping center, recreational facilities, meeting places.... This permits a high quality of life for its occupants, and encourages social relations and neighborhood solidarity.

diferentes viviendas quedan adosadas dos a dos y unidas por las galerías de comunicación exteriores ubicadas al norte de cada bloque. Estas galerías permiten la generación y mantenimiento de una gran bolsa de aire fresco que recorre las viviendas por ventilación cruzada.

La primera línea del complejo residencial está constituida por viviendas adosadas. La tipología de estas viviendas permite que incluso sus estancias posteriores dispongan de un elevado nivel de iluminación natural.

En total se han diseñado 17 tipos diferentes de viviendas en el complejo residencial: apartamentos simplex de 2, 3 y 4 dormitorios, apartamentos duplex de varios dormitorios, apartamentos triplex de 4 dormitorios, y viviendas adosadas de 4 dormitorios y tres alturas.

El complejo residencial *Lliri Blau* cuenta con espacios lúdicos y deportivos (gimnasio, piscina -calentada con energía solar y bomba de calor geotérmica-), zonas de reuniones, jardines, zonas de cultivo, centro comercial, lugares de

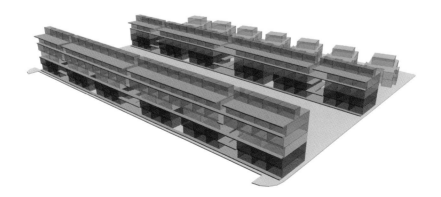

2. Ecological Analysis

Lliri Blau has been the first green residential complex built in Spain, and has the highest ecological level of all existing at present, for the following reasons:

1. Resource Optimization
   1.1. Natural Resources. Resources are maximized such as the sun, the wind, the earth (to cool the building), rainwater (stored in underground tanks and used for watering the gardens)... In addition, water saving devices on faucets, showers and flushing toilets, have been installed.

   1.2. Man made resources.
   The materials used are maximized, reducing potential waste through proper planning and effective management (concrete blocks, thermal clay, ceramic tile, carpentry, painting,...).

   1.3. Recovered, reused and recycled resources.
   The majority of building materials may be recoverable

esparcimiento, lugares de encuentro.... Todo ello permite una elevada calidad de vida a sus ocupantes, y fomenta las relaciones sociales y la solidaridad vecinal.

2. Análisis ecológico

Lliri Blau ha sido el primer complejo residencial ecológico construido en España, y tiene el mayor nivel ecológico de todos los existentes en la actualidad, por las siguientes razones:

1. Optimización de recursos
   1.1. Recursos Naturales.
   Se han aprovechado al máximo recursos tales como el sol (para generar el agua caliente sanitaria, y proporcionar iluminación natural a todas las viviendas), la brisa, la tierra (para refrescar las viviendas), el agua de lluvia (depósitos de agua de reserva para riego del jardín), brezo para las protecciones solares de las cubiertas ajardinadas... Por otro lado, se han instalado dispositivos economizadores de agua en los grifos, duchas y cisternas del complejo.

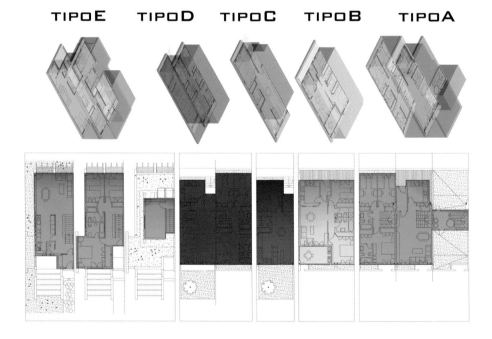

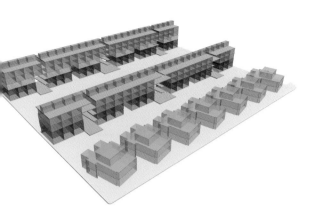

(flooring, woodwork, glass, wood beams, steel beams, decks, walkways, cabinets, wood coatings, sunscreens, bathrooms,...).
On the other hand, the use of recycled and recyclable materials has been promoted, such as polypropylene water pipes, drainage pipes, polyethylene, chipboard OSB for interior doors, plywood boards for coatings, recycled glass countertops kitchen and windows, etc ...

2. Reduction of energy consumption
2.1. Construction.
The building is constructed with minimal energy consumption. The materials used were manufactured with a minimum amount of energy.

2.2. Use.
Due to its bioclimatic characteristics, households have a very low energy consumption. The houses are heated by the greenhouse effect and accumulators with night rate. The hot water is generated by means of thermal solar collectors integrated in the south facade of the building. The houses stays cool due to a cool air generation system that has been located in the northern part of the blocks, and due to its high thermal inertia. Thus the houses do not need mechanical systems air conditioning, thus they have no energy consumption.

2.3. Dismantling.
The majority of the materials used can be recovered easily for later use (flooring, woodwork, glass, wood beams, girders, deck, walkways, cabinets, wood coatings, sunscreens, heather pergolas, bathrooms, ...).

1.2. Recursos fabricados.
Los materiales empleados se han aprovechado al máximo, disminuyendo posibles residuos, mediante un correcto proyecto, y una gestión eficaz (hormigón, bloques de *Termoarcilla*, losetas cerámicas, carpintería de madera, pintura,...).

1.3. Recursos recuperados, reutilizados y reciclados.
La gran mayoría de los materiales del edificio pueden ser recuperables (solados, carpinterías, vidrios, vigas de madera, vigas metálicas, cubierta, pasarelas, armarios, recubrimientos de madera, protecciones solares, sanitarios,...).
Por otro lado, se ha potenciado la utilización de materiales reciclados y reciclables, tales como: tuberías de agua de polipropileno, tuberías de desagüe de polietileno, tableros de madera aglomerada OSB para puertas interiores, tableros de madera contrachapada para recubrimientos, vidrios reciclados para encimeras de la cocina y ventanas, etc...

2. Disminución del consumo energético
2.1. Construcción.
El edificio se ha construido con un consumo energético mínimo. Los materiales utilizados se han fabricado con una cantidad mínima de energía.

2.2. Uso.
Debido a sus características bioclimáticas, las viviendas tienen un consumo energético convencional muy bajo. Las viviendas se calientan por efecto invernadero y acumuladores eléctricos con tarifa nocturna. El agua caliente se genera por medio de los captores solares térmicos integrados en la fachada sur del conjunto.
Las viviendas de los bloques se mantienen frescas debido a los sistemas de generación de aire fresco que se han ubicado en la parte norte de los bloques, y debido a su elevada inercia térmica. De este modo las viviendas no necesitan sistemas mecánicos de acondicionamiento, por lo que no hay consumo energético.

2.3. Desmontaje.
La gran mayoría de los materiales utilizados pueden recuperarse con facilidad, para volverse a utilizar con posterioridad (solados, carpinterías, vidrios, vigas de madera, vigas metálicas, cubierta, pasarelas, armarios, recubrimientos de madera, protecciones solares, pérgolas de brezo, sanitarios,...).

BASIC TYPE OF DWELLING
TIPO BÁSICO DE VIVIENDA

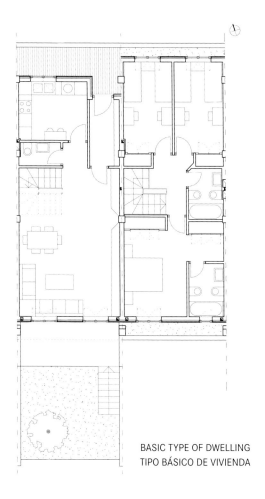

BASIC TYPE OF DWELLING
TIPO BÁSICO DE VIVIENDA

3. Use of alternative energy sources

The energy used is of two types: Solar thermal (solar collectors to produce the ACS) and architectural-geothermal (air cooling system taking advantage of low temperatures existing underground galleries on the lower floor slab of the building beneath the garage). So there is no energy consumption in cooling.

4. Reduction of waste and emissions

The houses do not generate any emissions, and do not generate any waste, except organic.

3. Utilización de fuentes energéticas alternativas

La energía utilizada es de dos tipos: solar térmica (captores solares para producir el A.C.S.), y geotérmica (sistema arquitectónico para refrescar el aire, aprovechando las bajas temperaturas existentes bajo tierra, en las galerías subterráneas debajo de los garajes).

4. Disminución de residuos y emisiones

Las viviendas no generan ningún tipo de emisiones, y tampoco generan ningún tipo de residuos, excepto orgánicos.

5. Mejora de la salud y el bienestar humanos

Todos los materiales empleados son ecológicos y saludables, y no tienen ningún tipo de emisiones que puedan afectar la salud humana. Del mismo modo, las viviendas se ventilan de forma natural, y aprovechan al máximo la

5. Improving health and welfare
All materials used are environmentally friendly and healthy and do not have any emissions that may affect human health. Similarly, the building is naturally ventilated, and maximizes natural lighting, creating a healthy environment and provides the best possible quality of life for its occupants.

6. Reduced price of the building and maintenance
The houses have been designed rationally, eliminating superfluous, unnecessary or gratuitous costs, allowing construction at a conventional price, despite the ecological equipment incorporated.

3. Highlights Innovations

- The buildings have been meticulously designed in order to self-regulate in heat, and offer occupants good and comfortable conditions, without the need for thermal conditioning devices. Therefore, there is no need for

iluminación natural, lo que crea un ambiente saludable y proporciona la mejor calidad de vida posible a los ocupantes de las viviendas.

6. Disminución del precio del edificio y su mantenimiento
Las viviendas han sido proyectadas de forma racional, eliminando partidas superfluas, innecesarias o gratuitas, lo cual permite su construcción a un precio convencional, a pesar del equipamiento ecológico que incorpora.

3. Innovaciones más destacadas

- Los edificios han sido diseñados de forma minuciosa con la finalidad de que puedan autorregularse térmicamente, y ofrecer a sus ocupantes unas buenas condiciones de confort, sin la necesidad de artefactos de acondicionamiento térmico. Por ello, no necesitan sistemas de aire acondicionado en verano (pese a que la temperatura ambiental pude superar los 38 grados), y para el invierno solo es necesario un sistema de calefacción eléctrica con tarifa nocturna.
- Se han diseñado hasta 17 tipologías diferentes de vi-

air conditioning systems in summer (despite external temperatures reaching in excess of 38 degrees), and in winter electric heating system with night rate is the only necessity.

- 17 different types of houses with high ecological level, and very low cost of construction (about 500 euros /

viendas de alto nivel ecológico, y de muy bajo precio de construcción (alrededor de 500 euros/m^2 construido). Las viviendas se han vendido a un precio final (año 2004) comprendido entre 110.000 euros, la vivienda mas barata, y 185.000 euros, la vivienda mas cara (las viviendas adosadas).

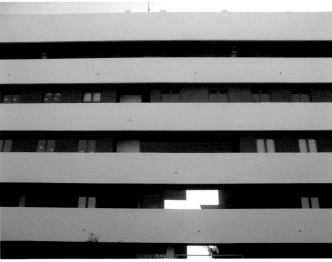

m² built) have been built. The homes have been sold at a final price (year 2004) of between 110,000 euro, the cheapest houses, and 185,000 euro, the more expensive houses (the townhouses).

- Due to the low budget allocated by the developer, it has not been possible to provide architectural-geothermal refreshing mechanisms to housing blocks (enclosed in twin homes). So an alternative system of de-wetting "Peltier effect" with very low energy consumption has been used. The housing blocks have a good bioclimatic behavior, and in summer remain around 24-25 °C. However, as the humidity is high, it is possible to lower the humidity level inside the house using a simple de-humidifier, and very low power consumption. Thus the level of inhabitant comfort is improved, without using mechanical air conditioning systems.
- All homes have a garden. The homes of the upper floors have gardens at different heights of the blocks, and green roofs.
- A high level of industrialization has been achieved. Even many parts of the structure have been prefabricated. As a result, a large number of components can be recovered and reused without any energy consumption.

- Debido al bajo presupuesto dedicado por el promotor a la construcción del conjunto, no ha sido posible dotar de mecanismos arquitectónicos-geotérmicos de refresco a las viviendas de los bloques (si a las viviendas pareadas). Por ello se ha ofrecido opcional, un sistema de des-humectación por *"efecto Peltier"*, de muy bajo consumo energético. Las viviendas de los bloques tienen un buen comportamiento bioclimático, y en verano se mantienen alrededor de los 24-25 °C. No obstante, como la humedad ambiental es elevada, es posible bajar el nivel de humedad en el interior de la vivienda mediante un sencillo sistema des-humectador, y de muy bajo consumo energético. De este modo se mejora el nivel de confort de los ocupantes, sin necesidad de utilizar sistemas mecánicos de aire acondicionado.
- Todas las viviendas disponen de jardín. Las viviendas de las plantas superiores disponen de jardines a diferentes alturas de los bloques, y en la cubierta de los mismos.
- Se ha logrado un elevado nivel de industrialización del conjunto. Incluso muchas partes de la estructura han ido prefabricadas. Como resultado, un elevado número de componentes de *Lliri Blau*, pueden recuperarse y reutilizarse, sin consumo energético alguno.

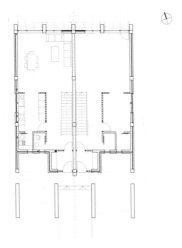

GROUND FLOOR PLAN

FIRST FLOOR PLAN PLAN

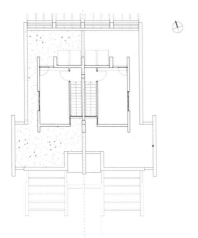

ATTIC FLOOR PLAN

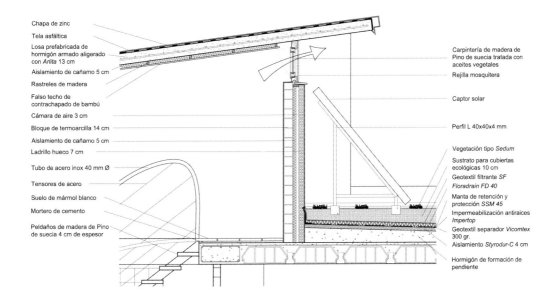

Chapa de zinc

Tela asfáltica

Losa prefabricada de hormigón armado aligerado con *Arlita* 13 cm

Aislamiento de cáñamo 5 cm

Rastreles de madera

Falso techo de contrachapado de bambú

Cámara de aire 3 cm

Bloque de termoarcilla 14 cm

Aislamiento de cáñamo 5 cm

Ladrillo hueco 7 cm

Tubo de acero inox 40 mm Ø

Tensores de acero

Suelo de mármol blanco

Mortero de cemento

Peldaños de madera de Pino de suecia 4 cm de espesor

Carpintería de madera de Pino de suecia tratada con aceites vegetales

Rejilla mosquitera

Captor solar

Perfil L 40x40x4 mm

Vegetación tipo *Sedum*

Sustrato para cubiertas ecológicas 10 cm

Geotextil filtrante *SF Floradrain FD 40*

Manta de retención y protección *SSM 45*

Impermeabilización antiraices *Impertop*

Geotextil separador *Vicomtex* 300 gr.

Aislamiento *Styrodur-C* 4 cm

Hormigón de formación de pendiente

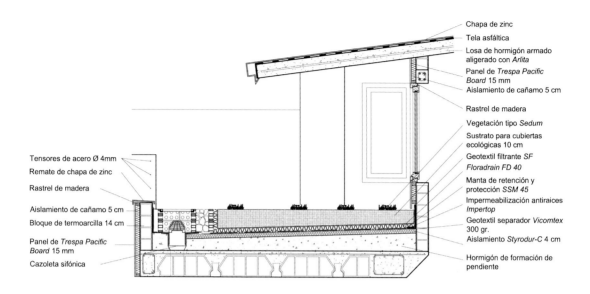

Chapa de zinc
Tela asfáltica
Losa de hormigón armado aligerado con *Arlita*
Panel de *Trespa Pacific Board* 15 mm
Aislamiento de cañamo 5 cm

Rastrel de madera

Vegetación tipo *Sedum*

Sustrato para cubiertas ecológicas 10 cm

Geotextil filtrante *SF Floradrain FD 40*

Manta de retención y protección *SSM 45*

Impermeabilización antiraices *Impertop*

Geotextil separador *Vicomtex* 300 gr.

Aislamiento *Styrodur-C* 4 cm

Hormigón de formación de pendiente

Tensores de acero Ø 4mm
Remate de chapa de zinc
Rastrel de madera
Aislamiento de cañamo 5 cm
Bloque de termoarcilla 14 cm
Panel de *Trespa Pacific Board* 15 mm
Cazoleta sifónica

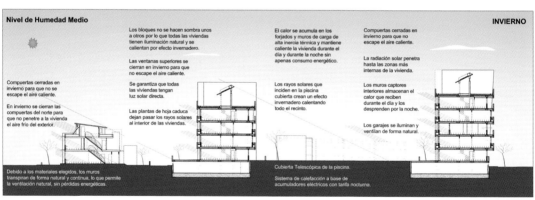

Nivel de Humedad Medio   **INVIERNO**

Compuertas cerradas en invierno para que no se escape el aire caliente.

En invierno se cierran las compuertas del norte para que no penetre a la vivienda el aire frío del exterior.

Los bloques no se hacen sombra unos a otros por lo que todas las viviendas tienen iluminación natural y se calientan por efecto invernadero.

Las ventanas superiores se cierran en invierno para que no escape el aire caliente.

Se garantiza que todas las viviendas tengan luz solar directa.

Las plantas de hoja caduca dejan pasar los rayos solares al interior de las viviendas.

El calor se acumula en los forjados y muros de carga de alta inercia térmica y mantiene caliente la vivienda durante el día y durante la noche sin apenas consumo energético.

Los rayos solares que inciden en la piscina cubierta crean un efecto invernadero calentando todo el recinto.

Compuertas cerradas en invierno para que no escape el aire caliente.

La radiación solar penetra hasta las zonas más internas de la vivienda.

Los muros captores interiores almacenan el calor que reciben durante el día y los desprenden por la noche.

Los garajes se iluminan y ventilan de forma natural.

Debido a los materiales elegidos, los muros transpiran de forma natural y continua, lo que permite la ventilación natural, sin pérdidas energéticas.

Cubierta Telescópica de la piscina.

Sistema de calefacción a base de acumuladores eléctricos con tarifa nocturna.

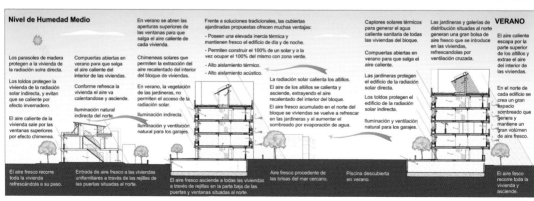

Nivel de Humedad Medio   **VERANO**

Los parasoles de madera protegen a la vivienda de la radiación solra directa.

Los toldos protegen la vivienda de la radiación solar indirecta, y evitan que se caliente por efecto invernadero.

El aire caliente de la vivienda sale por las ventanas superiores por efecto chimenea.

Compuertas abiertas en verano para que salga el aire caliente del interior de la vivienda.

Conforme refresca la vivienda el aire va calentándose y asciende.

Iluminación natural indirecta del norte.

En verano se abren las aperturas superiores de las ventanas para que salga el aire caliente de cada vivienda.

Chimeneas solares que permiten la extracción del aire recalentado del interior del bloque de viviendas.

En verano, la vegetación de las jardineras, no permiten el acceso de la radiación solar.

Iluminación indirecta.

Iluminación y ventilación natural para los garajes.

Frente a soluciones tradicionales, las cubiertas ajardinadas propuestas ofrecen muchas ventajas:
- Poseen una elevada inercia térmica y mantienen fresco el edificio de día y de noche.
- Permiten construir el 100% de un solar y a la vez ocupar el 100% del mismo con zona verde.
- Alto aislamiento térmico.
- Alto aislamiento acústico.

La radiación solar calienta los altillos.

El aire de los altillos se calienta y asciende, extrayendo el aire recalentado del interior del bloque.

El aire fresco acumulado en el norte del bloque se viviendas se vuelve a refrescar en las jardineras y al aumentar el sombreado por evaporación de agua.

Captores solares térmicos para generar el agua caliente sanitaria de todas las viviendas del bloque.

Compuertas abiertas en verano para que salga el aire caliente.

Las jardineras protegen el edificio de la radiación solar directa.

Los toldos protegen el edificio de la radiación solar indirecta.

Iluminación y ventilación natural para los garajes.

Las jardineras y galerías de distribución situadas al norte generan una gran bolsa de aire fresco que se introduce en las viviendas, refrescándolas por ventilación cruzada.

El aire caliente escapa por la parte superior de los altillos y extrae el aire del interior de las viviendas.

En el norte de cada edificio se crea un gran espacio sombreado que genera y mantiene un gran volúmen de aire fresco.

El aire fresco recorre toda la vivienda refrescándola a su paso.

Entrada de aire fresco a las viviendas unifamiliares a través de las rejillas de las puertas situadas al norte.

El aire fresco asciende a todas las viviendas a través de rejillas en la parte baja de las puertas y ventanas situadas al norte.

Aire fresco procedente de las brisas del mar cercano.

Piscina descubierta en verano.

El aire fesco recorre toda la vivienda y asciende.

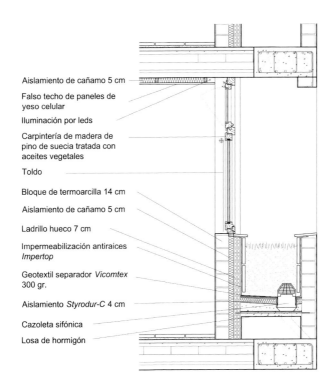

Aislamiento de cañamo 5 cm

Falso techo de paneles de yeso celular

Iluminación por leds

Carpintería de madera de pino de suecia tratada con aceites vegetales

Toldo

Bloque de termoarcilla 14 cm

Aislamiento de cañamo 5 cm

Ladrillo hueco 7 cm

Impermeabilización antiraices *Impertop*

Geotextil separador *Vicomtex* 300 gr.

Aislamiento *Styrodur-C* 4 cm

Cazoleta sifónica

Losa de hormigón

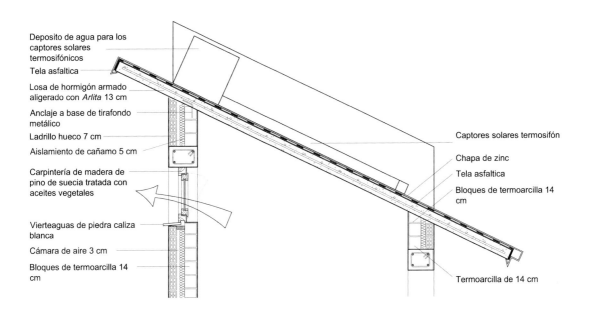

Deposito de agua para los captores solares termosifónicos

Tela asfaltica

Losa de hormigón armado aligerado con *Arlita* 13 cm

Anclaje a base de tirafondo metálico

Ladrillo hueco 7 cm

Aislamiento de cañamo 5 cm

Carpintería de madera de pino de suecia tratada con aceites vegetales

Vierteaguas de piedra caliza blanca

Cámara de aire 3 cm

Bloques de termoarcilla 14 cm

Captores solares termosifón

Chapa de zinc

Tela asfaltica

Bloques de termoarcilla 14 cm

Termoarcilla de 14 cm

Nivel de Humedad INVIERNO

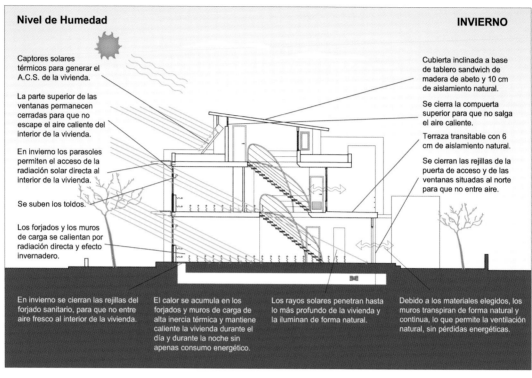

Captores solares térmicos para generar el A.C.S. de la vivienda.

La parte superior de las ventanas permanecen cerradas para que no escape el aire caliente del interior de la vivienda.

En invierno los parasoles permiten el acceso de la radiación solar directa al interior de la vivienda.

Se suben los toldos.

Los forjados y los muros de carga se calientan por radiación directa y efecto invernadero.

Cubierta inclinada a base de tablero sandwich de madera de abeto y 10 cm de aislamiento natural.

Se cierra la compuerta superior para que no salga el aire caliente.

Terraza transitable con 6 cm de aislamiento natural.

Se cierran las rejillas de la puerta de acceso y de las ventanas situadas al norte para que no entre aire.

En invierno se cierran las rejillas del forjado sanitario, para que no entre aire fresco al interior de la vivienda.

El calor se acumula en los forjados y muros de carga de alta inercia térmica y mantiene caliente la vivienda durante el día y durante la noche sin apenas consumo energético.

Los rayos solares penetran hasta lo más profundo de la vivienda y la iluminan de forma natural.

Debido a los materiales elegidos, los muros transpiran de forma natural y continua, lo que permite la ventilación natural, sin pérdidas energéticas.

Nivel de Humedad VERANO

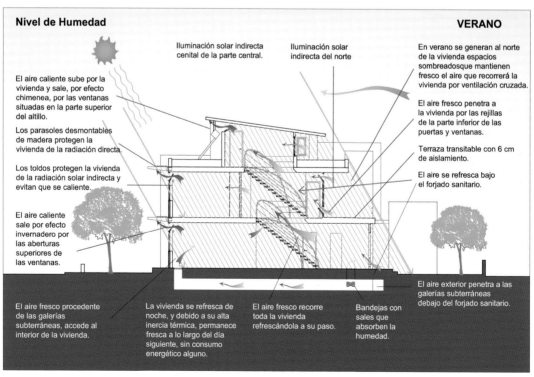

Iluminación solar indirecta cenital de la parte central.

Iluminación solar indirecta del norte

El aire caliente sube por la vivienda y sale, por efecto chimenea, por las ventanas situadas en la parte superior del altillo.

Los parasoles desmontables de madera protegen la vivienda de la radiación directa.

Los toldos protegen la vivienda de la radiación solar indirecta y evitan que se caliente.

El aire caliente sale por efecto invernadero por las aberturas superiores de las ventanas.

En verano se generan al norte de la vivienda espacios sombreadosque mantienen fresco el aire que recorrerá la vivienda por ventilación cruzada.

El aire fresco penetra a la vivienda por las rejillas de la parte inferior de las puertas y ventanas.

Terraza transitable con 6 cm de aislamiento.

El aire se refresca bajo el forjado sanitario.

El aire exterior penetra a las galerías subterráneas debajo del forjado sanitario.

El aire fresco procedente de las galerías subterráneas, accede al interior de la vivienda.

La vivienda se refresca de noche, y debido a su alta inercia térmica, permanece fresca a lo largo del día siguiente, sin consumo energético alguno.

El aire fresco recorre toda la vivienda refrescándola a su paso.

Bandejas con sales que absorben la humedad.

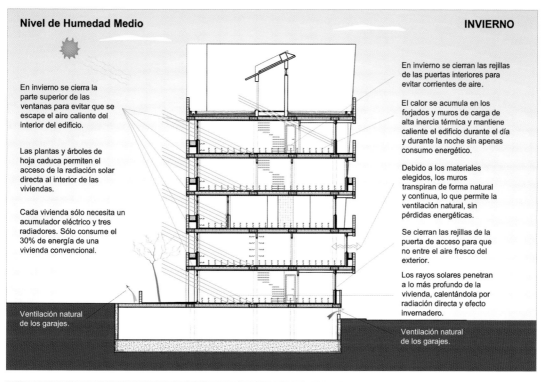

Nivel de Humedad Medio INVIERNO

En invierno se cierra la parte superior de las ventanas para evitar que se escape el aire caliente del interior del edificio.

Las plantas y árboles de hoja caduca permiten el acceso de la radiación solar directa al interior de las viviendas.

Cada vivienda sólo necesita un acumulador eléctrico y tres radiadores. Sólo consume el 30% de energía de una vivienda convencional.

Ventilación natural de los garajes.

En invierno se cierran las rejillas de las puertas interiores para evitar corrientes de aire.

El calor se acumula en los forjados y muros de carga de alta inercia térmica y mantiene caliente el edificio durante el día y durante la noche sin apenas consumo energético.

Debido a los materiales elegidos, los muros transpiran de forma natural y continua, lo que permite la ventilación natural, sin pérdidas energéticas.

Se cierran las rejillas de la puerta de acceso para que no entre el aire fresco del exterior.

Los rayos solares penetran a lo más profundo de la vivienda, calentándola por radiación directa y efecto invernadero.

Ventilación natural de los garajes.

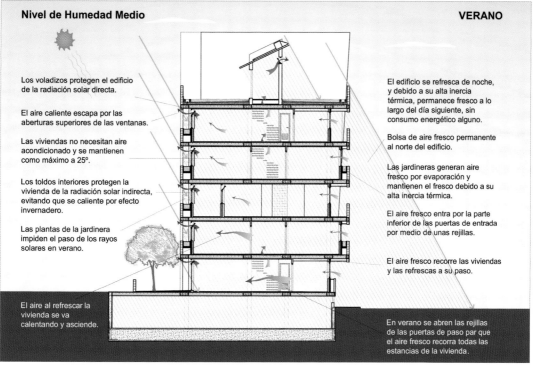

Nivel de Humedad Medio VERANO

Los voladizos protegen el edificio de la radiación solar directa.

El aire caliente escapa por las aberturas superiores de las ventanas.

Las viviendas no necesitan aire acondicionado y se mantienen como máximo a 25º.

Los toldos interiores protegen la vivienda de la radiación solar indirecta, evitando que se caliente por efecto invernadero.

Las plantas de la jardinera impiden el paso de los rayos solares en verano.

El aire al refrescar la vivienda se va calentando y asciende.

El edificio se refresca de noche, y debido a su alta inercia térmica, permanece fresco a lo largo del día siguiente, sin consumo energético alguno.

Bolsa de aire fresco permanente al norte del edificio.

Las jardineras generan aire fresco por evaporación y mantienen el fresco debido a su alta inercia térmica.

El aire fresco entra por la parte inferior de las puertas de entrada por medio de unas rejillas.

El aire fresco recorre las viviendas y las refrescas a su paso.

En verano se abren las rejillas de las puertas de paso par que el aire fresco recorra todas las estancias de la vivienda.

Residential complex "Sol i Vert"

2003
Promociones Sol i Vert S.L.
Alboraia. Valencia. Spain
2.259'08 m² (first phase)
1.555.600 euro (first phase)

1. Architectural solution

The main objective of housing complex *Sol i Vert* is to promote 100 affordable housings, on several different-phases on the outskirts of Alboraia city. The homes must have a rural structure, similar to the vernacular of the buildings in the area, and a perfect bioclimatic behavior. Similarly, Luis De Garrido has completed the Basic project so that the whole among completion has the maximum possible level of self-sufficiency in energy, water and food.

The projected households have 4 heights, and are attached to each other, forming several blocks with dimensions determined in the planning regulations, in approval stage. These blocks are similar to street block vernacular of ancestral houses that have been used in the development of the urban structure of the city.

The ground floor of each house houses the garage, the first floor the living area, the second floor the children bedrooms, and the top floor, the parents' bedroom.

1. Solución arquitectónica

El objetivo fundamental del complejo de vivienda *Sol i Vert* es realizar una promoción de 100 viviendas –en varias fases diferentes- en la periferia de la ciudad de Alboraia. Las viviendas deben tener una estructura rural, similar a las edificaciones vernáculas de la zona, y un perfecto comportamiento bioclimático. Del mismo modo, Luis De Garrido ha realizado el proyecto Básico para que el conjunto pueda tener, en su proyecto definitivo, el máximo nivel posible de autosuficiencia en energía, en agua y en alimentos.

Las viviendas proyectadas tienen 4 alturas, y se adosan entre sí, formando varios bloques, con las dimensiones determinadas en la normativa urbanística en fase de aprobación. Estos bloques tienen una estructura similar a las manzanas de viviendas vernáculas que de forma ancestral se han utilizado en el desarrollo de la trama urbana de la ciudad.

La planta baja de cada vivienda alberga el garaje, la planta primera la zona de día, la planta segunda los dormitorios de los niños, y la ultima planta, el dormitorio de los padres.

Given the high price of land and high billability parcels are arranged to have indoor gardens and orchards that are usually located on the ground floor. In this sense, all homes have a lift that allows direct access to all floors and the roof garden and orchard located in it.

This achieves 100% billability on lots, while 100% is preserved as green areas.

2. Self-sufficiency in energy, water and food

a) The housing complex can be self-sufficient in energy, depending on the number of photovoltaic captors that are integrated into the buildings. However, the buildings can be connected to the mains in order to have an alternative source of energy.

Dado el elevado precio de los terrenos y a la elevada edificabilidad de las parcelas se han dispuesto en la cubierta los jardines y los huertos que habitualmente se ubican en la planta baja. En este sentido, todas las viviendas disponen de un ascensor que permite el acceso directo a todas las plantas y a la cubierta ajardinada y a los huertos ubicados en ella.

De este modo se logra que en los terrenos se consiga un 100% edificabilidad, y al mismo tiempo se preserve el 100% como zona verde.

2. Autosuficiencia en energía, en agua y alimentos

a) El complejo de vivienda puede ser autosuficiente en energía, dependiendo del número de captores fotovoltaicos que se desee integrar en sus edificios. No obstante, se pueden conectar a la red con el fin de tener una fuente alternativa de energía.

This energy self-sufficiency can be achieved by a set of complementary strategies:

1. An optimal bioclimatic design has been carried out to minimize energy requirements. Thus, weather permitting in Alboraia, the housings can be kept warm with only two electric radiators 2,000 w. each.
2. Incorporating in houses only essential appliances with very low power consumption.
3. Use of artificial lighting systems based on energy-efficient lighting.
4. The buildings reserve some spaces for integrating photovoltaic solar collectors with an output power of up to 5,000 w. / peak, per household.
5. Each house has one solar thermal captor of 2 m2 to generate domestic hot water needs.

Esta autosuficiencia energética se puede conseguir mediante un conjunto de estrategias complementarias:

1. Se ha realizado un óptimo diseño bioclimático para reducir al máximo la necesidad de energía. De este modo, y debido a las buenas condiciones climatológicas de Alboraia, las viviendas pueden mantenerse calientes con solo dos radiadores eléctricos de 2.000 w. cada uno.
2. Incorporar en las viviendas solo los electrodomésticos imprescindibles, y que además sean de muy bajo consumo eléctrico.
3. Utilizar sistemas de iluminación artificial a base de luminarias de bajo consumo energético.
4. En el edificio se ha dispuesto un espacio para integrar los captores solares fotovoltaicos electricidad con una potencia de hasta 5.000 w./pico, por vivienda.
5. Cada vivienda dispone de un captor solar térmico de 2m^2 para generar el agua caliente sanitaria necesaria.

b) Similarly, the housing complex can be partially self-sufficient in water because the water needed can be obtained from two complementary sources:

1. Rainwater. Rainwater that falls on the landscaped roofs of buildings is collected and, through a simple system of downspouts, is stored in a tank. Water has a first natural filter to cross the vegetation and ground of the roof garden.
2. Grey water recycling. Gray water generated by buildings is filtered and treated until it can be used for irrigation of orchards, and for flushing toilets.

c) Finally, the residential complex may be partially self-sufficient in food given the vast amount of arable land on the roofs of buildings.

b) Del mismo modo, el complejo de viviendas puede ser parcialmente autosuficiente en agua, ya que el agua necesaria se puede obtener de dos fuentes complementarias:

1. Agua de lluvia. El agua de lluvia que cae sobre las cubiertas ajardinada de los edificios se recoge y, por medio de un sencillo sistema de bajantes, se lleva hasta un depósito. El agua tiene un primer filtrado natural al atravesar la vegetación y la tierra de la cubierta ajardinada.
2. Reciclaje de aguas grises. Las aguas grises generadas por los edificios se filtran, y se tratan hasta que puedan ser utilizados para el riego de los huertos, y para las cisternas de los inodoros.

c) Por último, el conjunto residencial puede ser parcialmente autosuficiente en alimentos dada la gran cantidad de superficie cultivable existente en las cubiertas de los edificios.

N

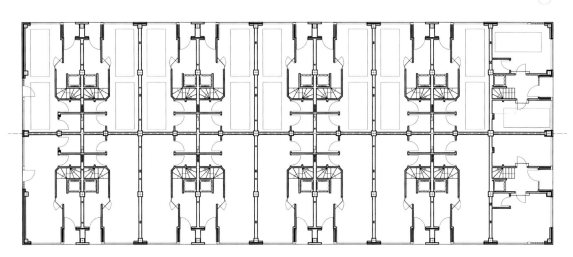

GROUND FLOOR PLAN

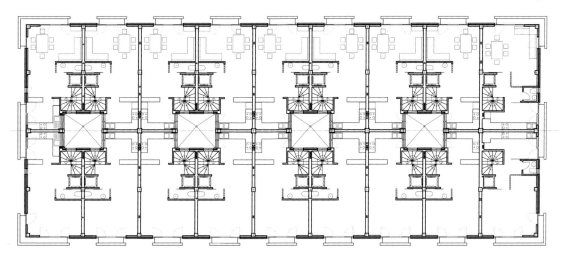

FIRST FLOOR PLAN

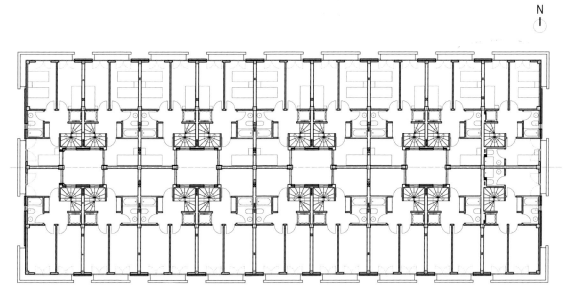

SECOND FLOOR PLAN

N

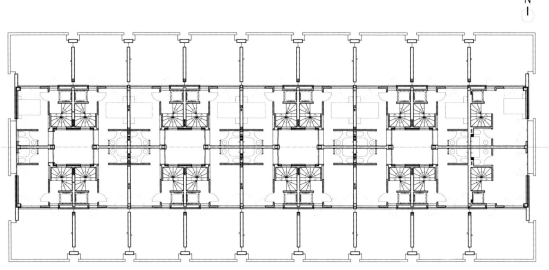

THIRD FLOOR PLAN

N

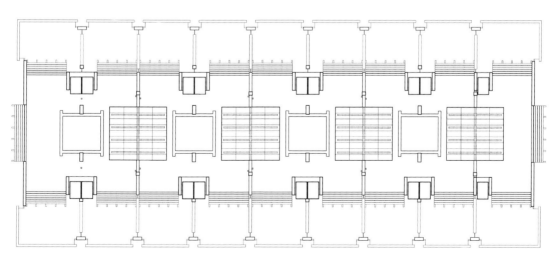

ROOF PLAN

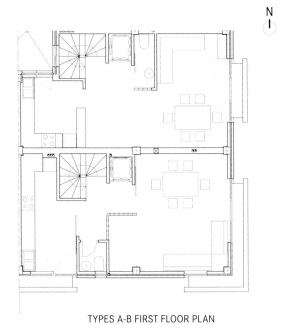

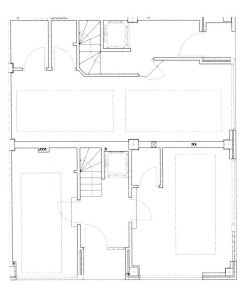

TYPES A-B GROUND FLOOR PLAN   TYPES A-B FIRST FLOOR PLAN

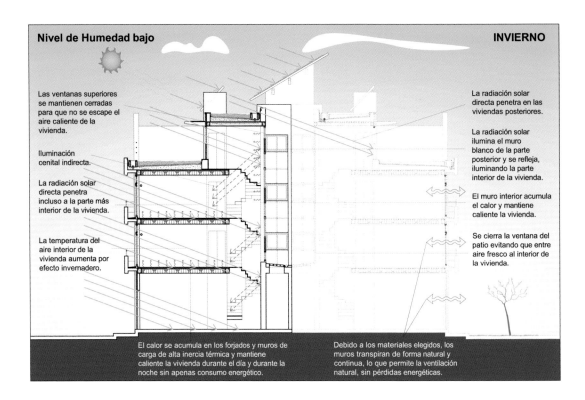

Nivel de Humedad bajo   **INVIERNO**

Las ventanas superiores se mantienen cerradas para que no se escape el aire caliente de la vivienda.

Iluminación cenital indirecta.

La radiación solar directa penetra incluso a la parte más interior de la vivienda.

La temperatura del aire interior de la vivienda aumenta por efecto invernadero.

La radiación solar directa penetra en las viviendas posteriores.

La radiación solar ilumina el muro blanco de la parte posterior y se refleja, iluminando la parte interior de la vivienda.

El muro interior acumula el calor y mantiene caliente la vivienda.

Se cierra la ventana del patio evitando que entre aire fresco al interior de la vivienda.

El calor se acumula en los forjados y muros de carga de alta inercia térmica y mantiene caliente la vivienda durante el día y durante la noche sin apenas consumo energético.

Debido a los materiales elegidos, los muros transpiran de forma natural y continua, lo que permite la ventilación natural, sin pérdidas energéticas.

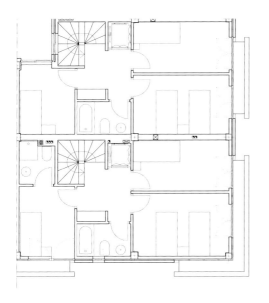

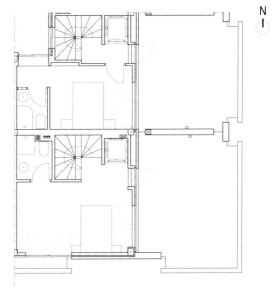

N
I

TYPES A-B SECOND FLOOR PLAN

TYPES A-B THIRD FLOOR PLAN

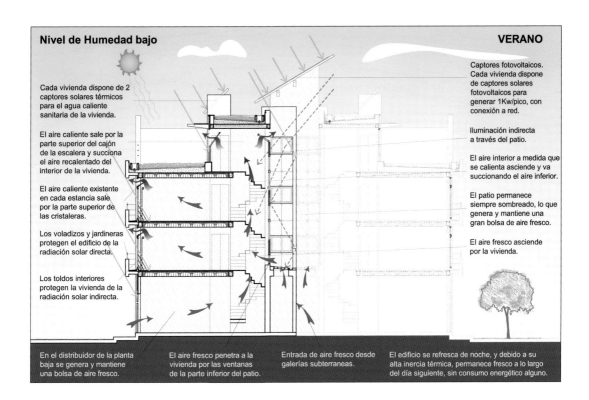

Nivel de Humedad bajo

VERANO

Cada vivienda dispone de 2 captores solares térmicos para el agua caliente sanitaria de la vivienda.

El aire caliente sale por la parte superior del cajón de la escalera y succiona el aire recalentado del interior de la vivienda.

El aire caliente existente en cada estancia sale por la parte superior de las cristaleras.

Los voladizos y jardineras protegen el edificio de la radiación solar directa.

Los toldos interiores protegen la vivienda de la radiación solar indirecta.

Captores fotovoltaicos. Cada vivienda dispone de 2 captores solares fotovoltaicos para generar 1Kw/pico, con conexión a red.

Iluminación indirecta a través del patio.

El aire interior a medida que se calienta asciende y va succionando el aire inferior.

El patio permanece siempre sombreado, lo que genera y mantiene una gran bolsa de aire fresco.

El aire fresco asciende por la vivienda.

En el distribuidor de la planta baja se genera y mantiene una bolsa de aire fresco.

El aire fresco penetra a la vivienda por las ventanas de la parte inferior del patio.

Entrada de aire fresco desde galerías subterraneas.

El edificio se refresca de noche, y debido a su alta inercia térmica, permanece fresco a lo largo del día siguiente, sin consumo energético alguno.

Residential complex "BioHilera"

2004
Habitatges Bioclimàtics S.L.
Gandía. Valencia. Spain
89'85 - 164'95 m² (each house)
69.500 - 118.800 euro (each house)

1. Architectural solution

Biohilera is a private development of social housing located within the urban structure of the city, allowing full social integration of its occupants.

The urban regulations require in this area a typology of row houses, to ensure a low building density, and the highest quality of life possible. Therefore, in order to avoid repetitive nature intrinsic to this type, the design of complex *Biohilera* has a strong dynamic and Baroque characteristic, based on a structure of slightly inclined walls, alternately, with respect to the orthogonal vial. Thus creating an enormous diversity of architectural spaces with a high number of corners, which invite occupants to discover and explore them.

The functional structure of the social housing complex is equally straightforward. The ground floor has a covered gallery (which connects the front garden to the rear garden) and the living area, and the first floor houses the sleeping area. The covered space that connects the front garden to the rear garden serves as the garage, in order to reduce the price as much as possible.

1. Solución arquitectónica

Biohilera es un conjunto de viviendas sociales de promoción privada ubicado dentro de la trama urbana del interior de la ciudad, lo que posibilita una total integración social de sus ocupantes.

Las ordenanzas municipales obligan en esta zona a una tipología de viviendas en hilera, para garantizar una baja densidad edificatoria, y la mayor calidad de vida posible. Por ello, y con la finalidad de evitar el carácter repetitivo intrínseco a esta tipología, el diseño del complejo *Biohilera* tiene un fuerte carácter dinámico y barroco, en base a una estructura de muros de carga ligeramente inclinados, de forma alternada, respecto de la ortogonal de los viales. De este modo se crea una enorme diversidad de espacios arquitectónicos con un elevado número de rincones, que invitan a ser descubiertos y explorados por parte de sus ocupantes.

La estructura funcional del conjunto es igualmente sencilla. La planta baja del conjunto alberga una galería que comunica el jardín delantero con el jardín trasero, y la zona de día, y la primera planta alberga la zona de noche. El espacio cubierto que comunica el jardín delantero con el jardín trasero hace las veces de garaje con la finalidad de reducir el precio al máximo.

All houses are expandable. The initial area of each house is 89'85 m^2 and can have a surface of 164'95 m^2. Furthermore, households have a high level of flexibility in order to adapt to any family type possible. For example, the ground floor can be closed with glass the front of the garage, making it an extension of the classroom, as a reception room housing. Similarly, the bedrooms on the first floor can be reconfigured and grouped together, folding down the dividing walls.

The houses are perfectly south oriented, due to their special design, and are able to thermally regulate themselves.

Todas las viviendas son ampliables. La superficie inicial de cada vivienda es de 89'85 m^2 y puede llegar a tener una superficie de 164'95 m^2. Por otro lado, las viviendas tienen un elevado nivel de flexibilidad, con la finalidad de adaptarse a la casuística de cualquier núcleo de familia posible. Por ejemplo, en planta baja se puede cerrar con vidrio la parte anterior del garaje, convirtiéndolo en una extensión del salón, a modo de estancia de recepción a la vivienda. Del mismo modo, los dormitorios de la planta primera pueden reconfigurarse y agruparse entre sí, abatiendo los muros divisorios.

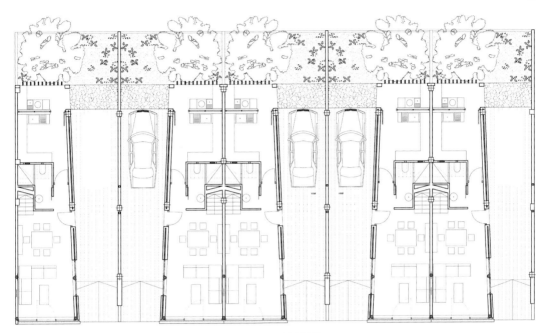

GROUND FLOOR PLAN

In winter a large greenhouse effect is created naturally heating the houses, and allows them to be heated with the help of only of three 1,500 watt electric radiators. In summer, the houses remain cool at all times due to their high thermal inertia (thus maintained at night temperature) due to their bioclimatic design, facing south, sunscreens, and using underground galleries (that generate and maintain a high volume of fresh air flowing through the houses, and cooling them in its path).

2. Ecological materials

1. Foundations and structure.
Walls composed of two layers and isolation. The inner wall layer is based on 15 cm. thick reinforced precast concrete load-bearing slabs. The outer sheet is also constructed of reinforced lightened concrete slabs of 7 cm. Inside there is a double layer of 6 cm. thick hemp insulation, and ventilated air space of 3 cm. The floor is made of precast reinforced concrete.

Las viviendas están perfectamente orientadas al sur, y debido a su especial diseño, son capaces de autorregularse térmicamente. En invierno se genera un elevado efecto invernadero que permite que las viviendas se calienten tan solo con la ayuda de tres radiadores eléctricos de 1.500 w. de potencia. En verano, las viviendas permanecen frescas en todo momento debido a su elevada inercia térmica (con lo que se mantienen a la temperatura de la noche), a su diseño bioclimático, a su orientación sur, a sus protecciones solares, y haciendo uso de unas galerías subterráneas (que generan y mantienen un elevado volumen de aire fresco que recorre las viviendas y las refrescan a su paso).

2. Materiales ecológicos

1. Cimentación y estructura.
Muros de dos hojas y aislamiento. La hoja interior constituye el muro de carga a base de placas de hormigón prefabricado armado de 15 cm. de grosor. La hoja exterior se ha construido igualmente a base de placas de hormigón

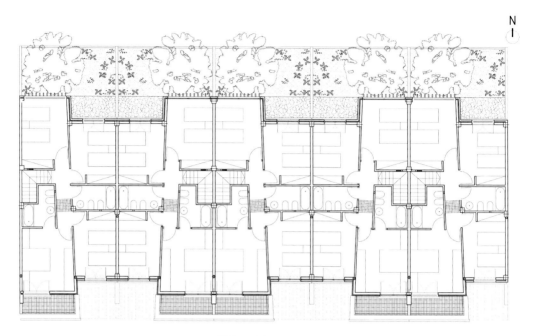

FIRST FLOOR PLAN

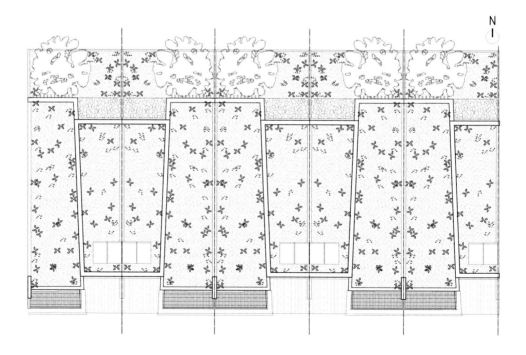

ROOF PLAN

GROUND FLOOR PLAN (TYPE)   FIRST FLOOR PLAN (TYPE)

2. Exterior finishes
Paint based on silicates. Ventilated facade based on tongued solid heat-treated *Ipe* wood sunscreens.

3. Interior finishes
Vegetable paintings. Flooring tile porcelain stoneware. Double doors chipboard, plywood beech, and treated with glazes.

4. Roof
Roof garden, with an average soil thickness of 30 cm.

5. Other
Polypropylene water pipes. Polyethylene drainage pipes. heat-treated Ipe hardwood sunscreens. All woods used have a certificate of origin with selective logging and ecological treatment (FSC).

3. Highlights Innovations

- Type of scalable and flexible social housing, providing integration and social progress of its occupants in a particular area of the city.
- Fully industrialized building system, including the supporting structure, based on precast reinforced concrete.
- The construction system used allows the maximum possible ecological level, since it involves the least possible energy consumption and least amount of waste generation and emissions possible, their life cycle can be infinite, given all building components can be recovered, repaired and reused.
- Very reduced construction cost.

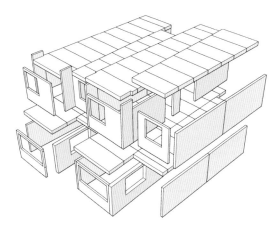

armado aligerado de 7 cm. En el interior de la doble hoja existe una capa de aislamiento de cáñamo de 6 cm. y una cámara de aire ventilada de 3 cm. El forjado se ha realizado a base de placas prefabricadas de hormigón armado.

2. Acabados exteriores
Pintura a los silicatos. Fachada ventilada a base de listones machihembrados de madera maciza de *Ipe* termotratada.

3. Acabados interiores
Pinturas vegetales. Solados de losetas de gres porcelánico. Puertas de tablero doble de madera aglomerada, chapado de madera de haya, y tratado con *lasures*.

4. Cubierta
Cubierta ajardinada, con un espesor medio de 30 cm. de tierra.

5. Otros
Tuberías de agua de polipropileno. Tuberías de desagüe de polietileno. Protecciones solares de madera maciza de *Ipe* termotratada. Todas las maderas utilizadas tienen un certificado de procedencia con tala selectiva y tratamiento ecológico (FSC).

3. Innovaciones más destacadas

- Tipología de vivienda social ampliable y flexible, que permite la integración y la progresión social de sus ocupantes en una determinada zona de la ciudad.
- Sistema constructivo completamente industrializado, incluyendo la estructura portante, a base de elementos prefabricados de hormigón armado.
- El sistema constructivo utilizado permite el máximo nivel ecológico posible, ya que implica el menor consumo energético posible y la menor generación de residuos y emisiones posible, ya que su ciclo de vida puede llegar a ser infinito, dado que todos los componentes de los edificios pueden recuperarse, repararse y reutilizarse.
- Coste de construcción muy reducido.

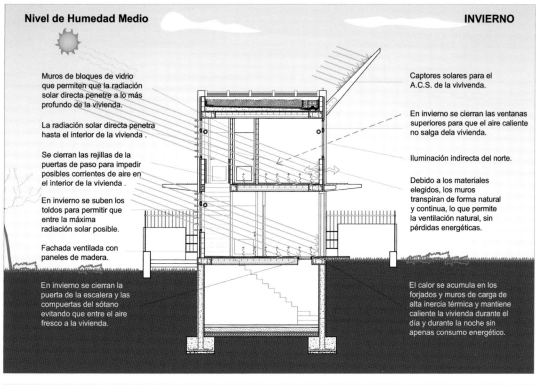

Nivel de Humedad Medio   **INVIERNO**

Muros de bloques de vidrio que permiten que la radiación solar directa penetre a lo más profundo de la vivienda.

La radiación solar directa penetra hasta el interior de la vivienda .

Se cierran las rejillas de la puertas de paso para impedir posibles corrientes de aire en el interior de la vivienda .

En invierno se suben los toldos para permitir que entre la máxima radiación solar posible.

Fachada ventilada con paneles de madera.

En invierno se cierran la puerta de la escalera y las compuertas del sótano evitando que entre el aire fresco a la vivienda.

Captores solares para el A.C.S. de la vivienda.

En invierno se cierran las ventanas superiores para que el aire caliente no salga dela vivienda.

Iluminación indirecta del norte.

Debido a los materiales elegidos, los muros transpiran de forma natural y continua, lo que permite la ventilación natural, sin pérdidas energéticas.

El calor se acumula en los forjados y muros de carga de alta inercia térmica y mantiene caliente la vivienda durante el día y durante la noche sin apenas consumo energético.

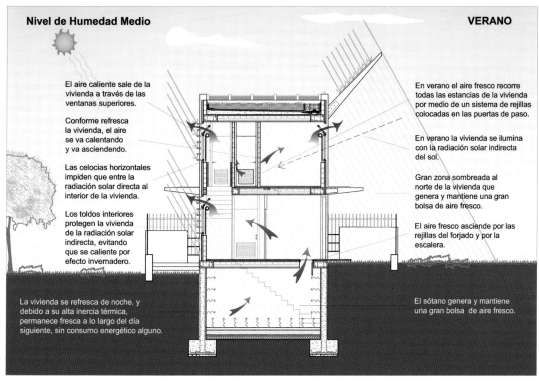

Nivel de Humedad Medio   **VERANO**

El aire caliente sale de la vivienda a través de las ventanas superiores.

Conforme refresca la vivienda, el aire se va calentando y va ascendiendo.

Las celocias horizontales impiden que entre la radiación solar directa al interior de la vivienda.

Los toldos interiores protegen la vivienda de la radiación solar indirecta, evitando que se caliente por efecto invernadero.

La vivienda se refresca de noche, y debido a su alta inercia térmica, permanece fresca a lo largo del día siguiente, sin consumo energético alguno.

En verano el aire fresco recorre todas las estancias de la vivienda por medio de un sistema de rejillas colocadas en las puertas de paso.

En verano la vivienda se ilumina con la radiación solar indirecta del sol.

Gran zona sombreada al norte de la vivienda que genera y mantiene una gran bolsa de aire fresco.

El aire fresco asciende por las rejillas del forjado y por la escalera.

El sótano genera y mantiene una gran bolsa de aire fresco.

EL RODEO social Eco-Buildings

2014
Prefabricated. IC Prefabricados
Cali. Colombia
Including houses from VIP (45 m²) to Tope-VIS (60 m²)

1. Architectural solution

El Rodeo social Eco-Buildings are buildings of social housing included in the *Social Ecological City El Rodeo*, designed by Luis De Garrido in Jamundí, south of Cali in Colombia. It is an ecological and bioclimatic city with high energy efficiency which includes only social housing (VIP and VIS homes) and all services necessary for its self-sufficiency (schools, markets, checkpoint police, fire, health, emergency services, a church, several social centers, several sports centers, parks, etc.) and all kinds of recreational spaces and greenery.

The city in its urban structure articulates several different types of social housing. 30% are VIS row two story expandable townhouses, forming blocks of various sizes. In the center of each block the backyards of the houses are arranged. The remaining 70% are residential blocks with different heights and different types.

1. Solución arquitectónica

El Rodeo social Eco-Buildings son los edificios de viviendas sociales incluidos en la *Ciudad Social Ecológica El Rodeo*, diseñada por Luis De Garrido en Jamundí, al sur de Cali, en Colombia. Se trata de una ciudad ecológica y bioclimática de alta eficiencia energética que incluye únicamente viviendas sociales (viviendas VIP y VIS) y todos los servicios necesarios para la autosuficiencia de la ciudad (colegios, mercados, reten de policía, bomberos, centro de salud, servicios de urgencia, iglesia, centros sociales varios, varios polideportivos, zonas verdes, etc.), así como todo tipo de espacios lúdicos y zonas verdes.

La ciudad articula en su trama urbana varias tipologías diferentes de vivienda social. Un 30% son viviendas VIS en hilera, unifamiliares, ampliables, de dos alturas, conformando bloques de varias dimensiones. En la parte central de cada bloque se disponen los jardines traseros de las viviendas. El 70% restante son bloques de viviendas con alturas diferentes y con tipologías diferentes.

The city is composed of different social housing blocks: Two iconic 14 story residential blocks at the entrance of the city. Six rectangular blocks in eastern and central part of the city, and the rest are compact housing blocks with an iconic form of family housing installed in the collective subconscious of all humans: the classic form of Monopoly game. This form was chosen for several reasons: 1) as the symbol globally accepted the concept of "home", 2) so that the inhabitants of each block, have the feeling of "home" and to have a strong emotional and personal attachment with the building, despite sharing it with 100 other families. 3) That, despite the urban fabric is very compact, print only be formed by several large houses. To achieve these objectives the emotional housing design has been inspired by the Basque villages of northern Spain, and socialist "familisterios" of central Europe.

The blocks might look different, with different structure facade with a combination of different colors, so much so that there is not two equal housings across the city. Similarly, the architectural structure of the blocks allows every

Existen varios bloques de viviendas en la ciudad. Dos bloques icónicos de viviendas de 14 alturas a la entrada de la ciudad. Seis bloques rectangulares en la zona este y la zona central de la ciudad, y el resto son bloques compactos de vivienda con una forma icónica de vivienda unifamiliar instalada en el subconsciente colectivo de todos los humanos: la forma clásica de la ficha de Monopoly. Esta forma se ha elegido por varios motivos: 1) por ser el símbolo mundialmente aceptado del concepto "hogar", 2) para que los habitantes de cada bloque, tengan la sensación de "hogar", y de tener una fuerte vinculación emocional y personal con el edificio, a pesar de compartirlo con otras 100 familias. 3) Para que, a pesar de que la trama urbana sea muy compacta, de la impresión de estar formada tan solo por varias casas grandes. Para lograr estos objetivos emocionales el diseño de las viviendas se ha inspirado en los caseríos vascos del norte de España, y los "familisterios" socialistas del centro de Europa.

Los bloques de viviendas pueden tener un aspecto diferente, con estructura de fachada diferente, con una combinación

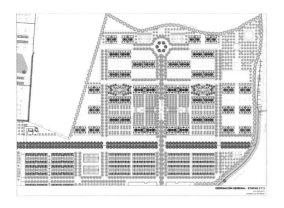

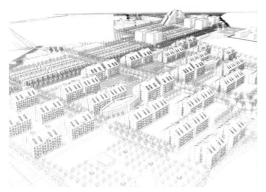

interior to have small differences between them, so that no two houses are identical, and each user has the feeling that their home is unique.

The design of the apartment blocks has several objectives.

de colores diferente, de tal modo que no haya dos viviendas iguales en toda la cuidad. Del mismo modo, la estructura arquitectónica de los bloques permite que todas las viviendas de su interior tengan pequeñas diferencias entre sí, de tal modo que no haya dos viviendas iguales, y cada usuario tanga la sensación de que su vivienda es única.

El diseño de los bloques de viviendas tiene varios objetivos.

1. Firstly each interior can be easily expandable. Thus interested people can buy a home with an area of 30 m^2 (VIP house with two bedrooms, a bathroom, a kitchen and a living room), to be extended to 45 m^2 at any time (adding an additional bedroom and a new bathroom). They can also buy a home of 45 m^2 (Tope VIS), to be extended to 45 m^2). The block is designed carefully so that the appearance of the building does not change as users expand their houses.

To enable the expansion of houses a modular design has been developed, devoting five modules for every two homes. Thus each house comprises two modules, and a third module is for the expansion of one house of two modules. This bare module only has load beams, on top of which each user only has to place the flooring, and interior facade.

2. The second design goal is to allow the houses of the block to remain cooled at all times (about 25 °C), despite temperatures ranging in Cali from 29 °C to 34 °C all year round. To confront this two parallel rows of houses separated by a courtyard (with an average width of 4 m.) Where it generates and maintains a huge pocket of fresh air flowing through the housing continuously, cooling them in its path. At the top of the building there are houses with patios, which cover the courtyard, and through it the heated air is evacuated by means of a chimney effect.

1. En primer lugar debe permitirse que cada una de las viviendas de su interior pueda ser fácilmente ampliable. De este modo los interesados pueden comprar una vivienda con una superficie de 30 m^2 (vivienda VIP, con dos alcobas, un baño, una cocina y un salón-comedor), para poder ampliarla a 45 m^2 cuando lo desee (añadiendo una alcoba adicional y un nuevo baño). También puede comprar una vivienda de 45 m^2 (Tope VIS), para poder ampliarla a 45 m^2). El bloque se ha diseñado de forma cuidadosa con la finalidad de que su aspecto no varíe apenas, conforma los usuarios vayan ampliando sus viviendas.

Para posibilitar la ampliación de las viviendas se ha realizado un diseño modular, destinando cinco módulos para cada dos viviendas. De este modo cada vivienda comprende dos módulos, y un tercer módulo sirve para la ampliación de dos módulos. Este módulo vacío solo dispone de las vigas de carga, sobre las cuales cada usuario simplemente tiene que colocar el suelo, y su fachada.

2. El segundo objetivo del diseño de los bloques es permitir que sus viviendas se mantengan frescas en todo momento (alrededor de los 25 °C), a pesar de que las temperaturas en Cali oscilan entre 29 °C y 34 °C todos los días del año. Para ello se han dispuesto dos hileras paralelas de viviendas separadas por medio de un patio interior (con una anchura media de 4 m.) en donde se genera y mantiene una enorme bolsa de aire fresco que atraviesa las viviendas de forma continua, refrescándolas a su paso. En la parte superior del bloque existen viviendas con patios, que tapan el patio interior, y a su través se evacua el aire recalentado por efecto chimenea.

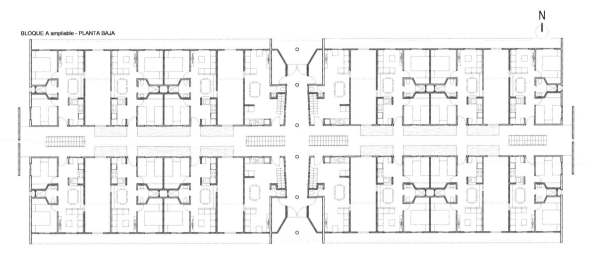

HOUSING BLOCK EXPANDABLE (30-45 M²) GROUND FLOOR
BLOQUE DE VIVIENDAS AMPLIABLES (30 - 45 M²) PLANTA BAJA

3. The third objective of the blocks design is to give the form of Monopoly game "houses", a conceptual form that transmits to each of its occupants the idea of living in an ideal house, able to meet all their demands. There are not 2 identical blocks, and no two identical houses. Thus each user lives in the home that best fits their particular needs and lifestyle.

3. El tercer objetivo del diseño de los bloques es que tengan forma de "casa", de ficha de *Monopoly*. Una forma conceptual que transmite a cada uno de sus ocupantes la idea de que vive en un hogar ideal, capaz de satisfacer todas sus demandas. No hay dos bloque iguales, y no hay dos viviendas iguales. De este modo cada usuario vive en la vivienda que más se ajusta a sus demandas particulares y a su estilo de vida.

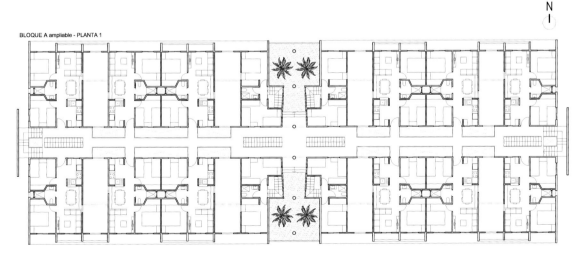

HOUSING BLOCK EXPANDABLE. FIRST FLOOR PLAN
BLOQUE DE VIVIENDAS AMPLIABLES. PRIMERA PLANTA

Besides expandable housing blocks various types of flexible housing blocks have been designed.

In this type of housing blocks have a structure that permits many different internal configurations, depending on the particular demands of every possible occupant. The client inhabits an open space that can be configured in a variety of modes, or ask to be constructed in the desired manner. Several types of houses are available, with an area ranging from 45 m² (VIP), up to 60 m² (Tope VIS).

2. Ecological Analysis

El Rodeo social housing buildings have been designed with the greatest possible ecological level, given that they exhaustively meet most of the identified ecological indicators:

1. Resource Optimization
1.1. Natural resources. The use of natural resources has been optimized, such as the sun (to generate hot water, and provide natural lighting to all households), the wind, the earth (to cool the housing), rain water (water tanks for wa-

Además de los bloques de viviendas ampliables, se han diseñado varios tipos de bloque con viviendas flexibles.

En este tipo de bloques las viviendas tienen una estructura tal que puede tener diferentes configuraciones internas, dependiendo de las demandas particulares de cada posible ocupante. El cliente ocupa un espacio diáfano, que puede estructurar de varios modos posibles, o solicitar que se le construya del modo deseado. Existen varios tipos de viviendas, con una superficie que oscila desde 45 m² (VIP), hasta 60 m² (Tope VIS).

2. Análisis ecológico

Los edificios de viviendas sociales *El Rodeo* han sido diseñados con el mayor nivel ecológico posible, ya que cumplen de forma exhaustiva con la mayoría de los indicadores ecológicos identificados:

1. Optimización de recursos
1.1. Recursos Naturales. Se han aprovechado al máximo recursos tales como el sol (para generar el agua caliente sanitaria, y proporcionar iluminación natural a todas las

tering the garden), ... in addition, water saving devices on faucets, showers and complex cisterns have been installed.

1.2. Man-made resources. The use of materials has been optimized, so that hardly any waste is generated, because all components of the buildings were made in the factory, with a repetitive, modular dimensions.

1.3. Recovered, reused and recycled resources.
All building materials may be recoverable, repairable and reusable, so that buildings can have or infinite life cycle, and minimal environmental impact.

While at the same time, the use of recycled and recyclable materials has been promoted, such as polypropylene water pipes, drainage pipes, polyethylene, chipboard OSB for interior doors, plywood boards for coatings, recycled glass countertops kitchen and windows, etc ...

2. Reduction of energy consumption
2.1. Construction.
The building is constructed with minimal energy consumption. Prefabricated materials used were performed with a minimum amount of energy.

2.2. Use.
Due to the special bioclimatic design of buildings, houses artifacts do not need thermal conditioning systems, and have very low energy consumption (electricity consumption

viviendas), la brisa, la tierra (para refrescar las viviendas), el agua de lluvia (depósitos de agua de reserva para riego del jardín), ... Por otro lado, se han instalado dispositivos economizadores de agua en los grifos, duchas y cisternas del complejo.

1.2. Recursos fabricados. Los materiales empleados se han aprovechado al máximo, sin apenas generar residuos, debido a que todos los componentes de los edificios se han realizado en fábrica, con unas dimensiones repetitivas y modulares.

1.3. Recursos recuperados, reutilizados y reciclados.
Todos los materiales de los edificios pueden ser recuperables, reparables y reutilizables, de tal modo que los edificios pueden tener u ciclo de vida infinito, y el menor impacto medioambiental posible.

Por otro lado, se ha potenciado la utilización de materiales reciclados y reciclables, tales como: tuberías de agua de polipropileno, tuberías de desagüe de polietileno, tableros de madera aglomerada OSB para puertas interiores, tableros de madera contrachapada para recubrimientos, vidrios reciclados para encimeras de la cocina y ventanas, etc...

2. Disminución del consumo energético
2.1. Construcción.
El edificio se ha construido con un consumo energético mínimo. Los materiales prefabricados utilizados se han realizado con una cantidad mínima de energía.

N
I

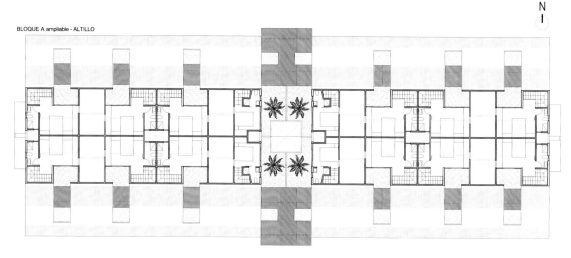

BLOQUE A ampliable - ALTILLO

HOUSING BLOCK EXPANDABLE. SECOND FLOOR PLAN ATTIC
BLOQUE DE VIVIENDAS AMPLIABLES. SEGUNDA PLANTA ÁTICO

of appliances and LED lights). At the top of each block in the bioclimatic ducts exhaust air chimneys (inside which high temperatures are reached, about 40 °C) where several interconnected water tanks are placed to naturally generate, free of cost, slightly heated water for direct consumption in homes.

2.3. Dismantling
All materials and architectural components used can be recovered easily, repaired, and reused later.

3. Use of alternative energy sources
There are two energy sources used: Solar thermal (warehouses in solar chimneys to produce ACS) and geothermal (architectural air freshener system, taking advantage of low

2.2. Uso.
Debido al especial diseño bioclimático de los edificios, las viviendas no necesitan artefactos de acondicionamiento térmico, y tienen un consumo energético muy bajo (el consumo eléctrico de los electrodomésticos y de las luminarias leds). En la parte superior de cada bloque, en los conductos de las chimeneas bioclimáticas de extracción de aire (en cuyo interior se alcanzan unas elevadas temperaturas, alrededor de 40ºC) se ubican varios depósitos de agua interconectados, para generar de forma natural y gratuita agua ligeramente calentada para su consumo directo en las viviendas.

2.3. Desmontaje
Todos los materiales y componentes arquitectónicos utili-

temperatures present in the underground galleries below parking garages).

4. Reduction of waste and emissions
The houses do not generate any emissions, and do not generate any waste, except for organic.

5. Improving health and welfare
All materials used are environmentally friendly and healthy and do not have any emissions that may affect human health. Similarly, houses are naturally ventilated and make the most of natural light. This creates a healthy environment and provides the best possible quality of life for the occupants of the houses.

zados pueden recuperarse con facilidad, para repararse, y volverse a utilizar con posterioridad.

3. Utilización de fuentes energéticas alternativas
La energía utilizada es de dos tipos: solar térmica (depósitos ubicados en las chimeneas solares para producir el A.C.S.), y geotérmica (sistema arquitectónico para refrescar el aire, aprovechando las bajas temperaturas existentes bajo tierra, en las galerías subterráneas debajo de los garajes).

4. Disminución de residuos y emisiones
Las viviendas no generan ningún tipo de emisiones, y tampoco generan ningún tipo de residuos, excepto orgánicos.

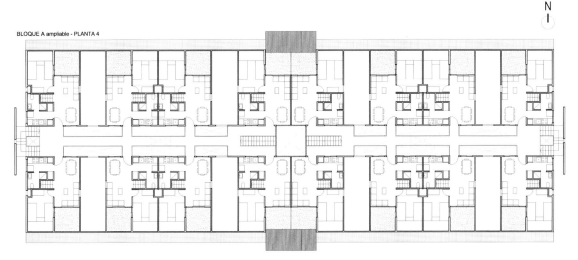

BLOQUE A ampliable - PLANTA 4

HOUSING BLOCK EXPANDABLE. FIRST FLOOR PLAN ATTIC
BLOQUE DE VIVIENDAS AMPLIABLES. PRIMERA PLANTA ÁTICO

6. Reduced price of the building and maintenance
The homes have been designed rationally, eliminating superfluous, unnecessary or gratuitous costs, allowing construction at the lowest possible price in this type of social housing (VIP-VIS).

3. Bioclimatic features

The buildings remains fresh throughout the year, despite the high temperatures outside, due to several design strategies without increasing the price of construction.

1. Fresh Generation Systems
The buildings cool by itself in three ways:
1.1. Avoiding heat. The building complex is located near Ecuador, in a tropical climate. For this all windows are facing north and south (no windows on the east and west so that no direct sunlight enters in the mornings and evenings). All overhangings and balconies are located on the north and south, to protect the windows from direct sunlight. However, due to very low construction costs, there is no money available to place insulation or ventilated facades. Therefore, facade insulation has been created with the outside air itself. The system of overhangings and balconies creates continuous shadow (given the path of the sun at this latitude) for this reason on the north side and the south sides an envelope of cool air that acts as external insulation of the precast concrete.

5. Mejora de la salud y el bienestar humanos
Todos los materiales empleados son ecológicos y saludables, y no tienen ningún tipo de emisiones que puedan afectar la salud humana. Del mismo modo, las viviendas se ventilan de forma natural, y aprovechan al máximo la iluminación natural, lo que crea un ambiente saludable y proporciona la mejor calidad de vida posible a los ocupantes de las viviendas.

6. Disminución del precio del edificio y su mantenimiento
Las viviendas han sido proyectadas de forma racional, eliminando partidas superfluas, innecesarias o gratuitas, lo cual permite su construcción al menor precio posible en este tipo de viviendas sociales (VIP-VIS).

3. Características bioclimáticas

Los edificios se mantienen frescos todo el año, a pesar de las elevadas temperaturas en el exterior, debido a varias estrategias de diseño, sin incremento del precio de construcción.

1. Sistemas de generación de fresco
Los edificios se refrescan por sí mismo, de tres modos:
1.1. Evitando calentarse. El conjunto de edificios se encuentra ubicado cerca del ecuador, y en clima tropical. Por ello, se han dispuesto todas las ventanas con orientación norte y sur (no hay ventanas en el este y oeste para que no entre radiación solar directa por las mañanas y las tardes).

N

HOUSING BLOCK FLEXIBLE. GROUND FLOOR PLAN
BLOQUE DE VIVIENDAS FLEXIBLES. PLANTA BAJA

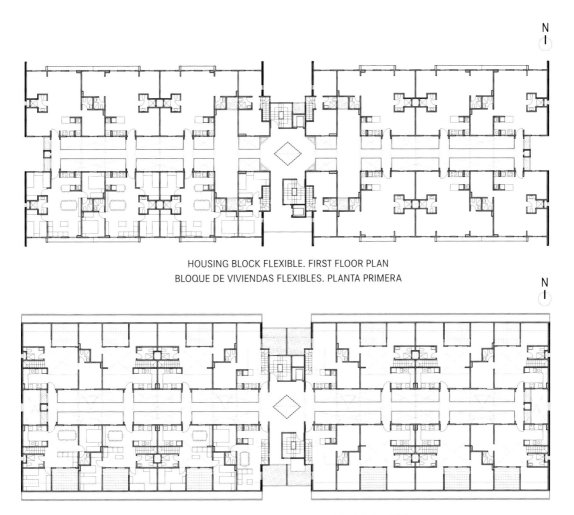

HOUSING BLOCK FLEXIBLE. FIRST FLOOR PLAN
BLOQUE DE VIVIENDAS FLEXIBLES. PLANTA PRIMERA

HOUSING BLOCK FLEXIBLE. GROUND FLOOR PLAN ATTIC
BLOQUE DE VIVIENDAS FLEXIBLES. PLANTA BAJA ÁTICO

1.2. Refreshing. Using a simple system architecture air cooling, using a set of underground galleries. Outside air enters from underground conduits about the center of each block. The air passes through the tubes overnight and cools as it passes. At the end the fresh air enters the shaded central courtyard where it stays fresh and ascends through all homes, cooling them in its path. Moreover, and more importantly, due to the high thermal inertia of the building, the building is cooled through the night, and stays fresh throughout the day.

Todos los voladizos y balcones se han situado al norte y sur, para proteger las ventanas de la radiación solar directa. Por otro lado, y debido al bajísimo precio de construcción, no hay dinero disponible para colocar aislamiento ni fachadas ventiladas. Por ello, el aislamiento de las fachadas se ha creado con el propio aire exterior. El sistema de voladizos y balcones genera sombra de forma continua (dado el recorrido del sol en esta latitud) por lo que en la fachada norte y en la fachada sur se crea una envolvente de aire fresco que actúa a modo de aislante exterior del muro de hormigón prefabricado.

N

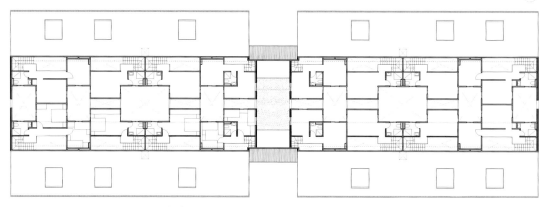

HOUSING BLOCK FLEXIBLE. FIRST FLOOR PLAN ATTIC
BLOQUE DE VIVIENDAS FLEXIBLES. PLANTA PRIMERA ÁTICO

1.3. Evacuating the hot air outside the building. Through a set of solar chimneys located on the upper covered courtyard.

2. Systems for cool storing
Coolness generated during the night (for natural ventilation and outside due to lower temperature) accumulates in the floors and interior walls of high thermal inertia load. Thus

1.2. Refrescándose. Mediante un sencillo sistema de enfriamiento arquitectónico de aire, utilizando un conjunto de galerías subterráneas. El aire exterior entra a unos conductos subterráneos desde la parte central de cada bloque. El aire pasa a través de los tubos durante la noche y se va enfriando a su paso. Al final, el aire ya fresco entra al patio central sombreado del bloque, donde se mantiene fresco

PLANTA BAJA / SEGUNDA

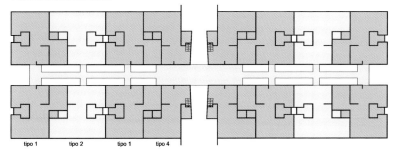

tipo 1   tipo 2   tipo 1   tipo 4

PLANTA PRIMERA / TERCERA

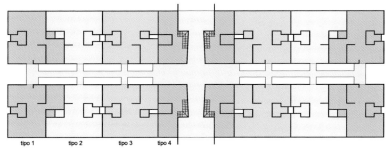

tipo 1   tipo 2   tipo 3   tipo 4

ORGANIZATION TYPES FOR PLANS
ORGANIZACIÓN DE TIPOS POR PLANTAS

the building remains cool throughout the day without any energy consumption.

3. Transfer Systems of fresh air
Solar chimneys suck the air inside the central courtyard of the blocks. Rising air currents are created that force fresh air into the courtyard and pass through all the surrounding houses.

4. Natural ventilation
The ventilation of dwellings is naturally and continuously cooled through the grates of the doors and the interior doors inside the house. Similarly, housing transpires through the exterior walls, allowing natural ventilation without energy loss.

y asciende, atravesando todas las viviendas, y refrescándolas a su paso. Por otro lado, y mucho mas importante, debido a la alta inercia térmica del edificio, el edificio se enfría a lo largo de toda la noche, y permanece fresco a lo largo del día siguiente.

1.3. Evacuando el aire caliente al exterior del edificio. Por medio de un conjunto de chimeneas solares ubicadas en la parte superior del patio central cubierto.

2. Sistemas de acumulación de fresco
El fresco generado durante la noche (por ventilación natural y debido al descenso exterior de la temperatura) se acumula en los forjados y en los muros de carga interiores de alta inercia térmica. De este modo el edificio permanece fresco durante todo el día, sin consumo energético alguno.

3. Sistemas de transferencia de aire fresco
Las chimeneas solares succionan el aire del interior del patio central de los bloques. De este modo se crean unas corrientes de aire ascendentes que obligan que el aire fresco del patio interior recorra todas las viviendas circundantes.

PLANTA ATICO 1

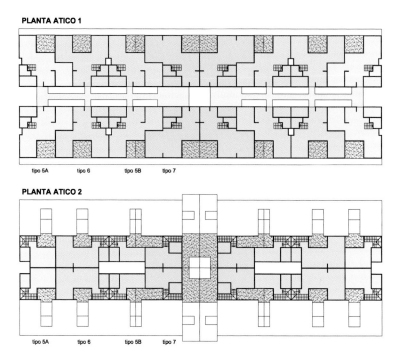

tipo 5A   tipo 6   tipo 5B   tipo 7

PLANTA ATICO 2

tipo 5A   tipo 6   tipo 5B   tipo 7

ORGANIZATION TYPES FOR PLANS
ORGANIZACIÓN DE TIPOS POR PLANTAS

4. Highlights Innovations

- Some blocks have been designed with expandable surface houses, people can thereby purchase the house
they really need, without mortgaging their future and can
expand when needed.
- Some blocks have been designed with flexible and re-
configurable houses, so that each occupant can have a
single housing, according to their particular needs.
- The construction system used allows the maximum possible ecological level, since it involves the least possible energy consumption and least waste generation and
emissions possible. They can have an infinite life cycle,
given that all building components can be recovered, repaired and reused.
- A perfect balance between the need to provide the
building with a large thermal mass, and the desire to recover and reuse every one of its components has been
achieved. Therefore, we have chosen a system based on
large reinforced concrete slabs. The slabs are joined to-

4. Ventilación natural
La ventilación de las viviendas se hace de forma natural y
continuada, a través de las rejillas de las puertas de acceso
y las puertas de paso del interior de la vivienda. Del mismo
modo, la vivienda transpira a través de los muros exteriores, lo que permite una ventilación natural, sin pérdidas
energéticas.

4. Innovaciones más destacadas

- Se han diseñado bloques con viviendas ampliables en
superficie, de tal modo que los ocupantes adquieren la
vivienda que realmente necesitan sin hipotecar su futuro, y la pueden ampliar cuando lo necesiten.
- Se han diseñado bloques con viviendas flexibles y reconfi-
gurables, de tal modo que cada ocupante puede tener una
vivienda única, de acuerdo a sus necesidades particulares.
- El sistema constructivo utilizado permite el máximo nivel ecológico posible, ya que implica el menor consumo

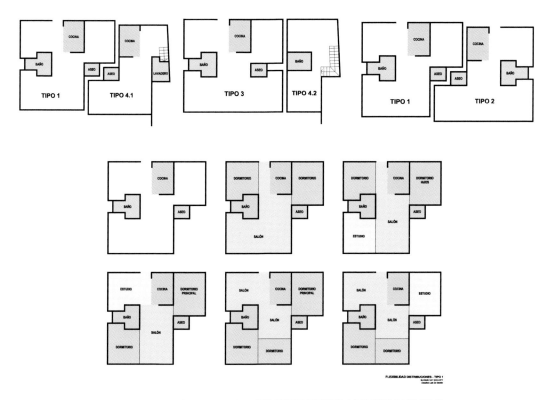

DIFFERENT CONFIGURATIONS OF THE DIFFERENT TYPES OF FLEXIBLE HOUSING
DIFERENTES CONFIGURACIONES DE LOS DIFERENTES TIPOS DE VIVIENDAS FLEXIBLES

gether by spot welds in metallic elements and embedded in the concrete mass of each architectural element.
- The buildings have been meticulously designed so they can self-regulate heat, and offer occupants good comfortable conditions, without the need for thermal conditioning devices.

energético posible y la menor generación de residuos y emisiones posible, ya que su ciclo de vida puede llegar a ser infinito, dado que todos los componentes de los edificios pueden recuperarse, repararse y reutilizarse.
- Se ha logrado un perfecto equilibrio entre la necesidad de dotar al edificio de una gran masa térmica, y el deseo de poder recuperar y reutilizar todos y cada uno de sus componentes. Por ello, se ha elegido un sistema estructural a base de placas de hormigón armado, de gran tamaño. Estas placas se ensamblan entre si mediante puntos de soldadura en elementos metálicos empotrados y maclados en la masa de hormigón de cada elemento arquitectónico.
- Los edificios han sido diseñados de forma minuciosa con la finalidad de que puedan autorregularse térmicamente, y ofrecer a sus ocupantes unas buenas condiciones de confort, sin la necesidad de artefactos de acondicionamiento térmico.

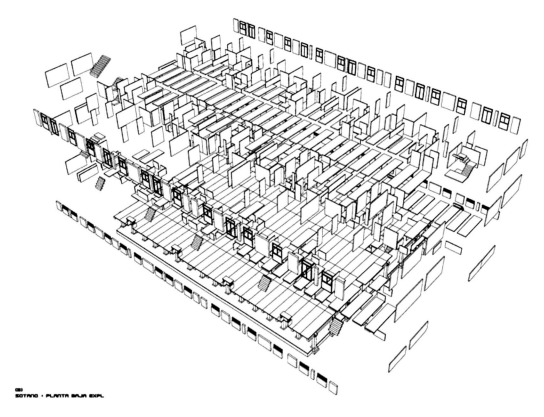

PREFABRICATED COMPONENTS
COMPONENTES PREFABRICADOS

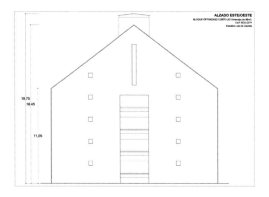

SIDE ELEVATION
ALZADO LATERAL

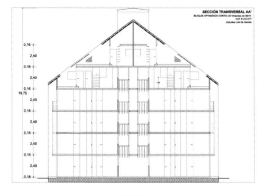

SECTION 1
SECCIÓN 1